刘半农评传

齐芳　编著

中华工商联合出版社

图书在版编目（CIP）数据

刘半农评传 / 齐芳编著 . -- 2 版 . -- 北京 : 中华工商联合出版社 , 2018.7（2021.7 重印）

ISBN 978-7-5158-2307-2

Ⅰ . ①刘… Ⅱ . ①齐… Ⅲ . ①刘半农（1891-1934）—评传 Ⅳ . ① K825.6

中国版本图书馆 CIP 数据核字（2018）第 096650 号

刘半农评传

编　　著：齐　芳
责任编辑：林　立　崔红亮
装帧设计：北京东方视点数据技术有限公司
责任审读：魏鸿鸣
责任印制：迈致红
出版发行：中华工商联合出版社有限责任公司
印　　刷：唐山富达印务有限公司
版　　次：2018 年 8 月第 1 版
印　　次：2021 年 7 月第 2 次印刷
开　　本：710mm × 1020mm　1/16
字　　数：200 千字
印　　张：15
书　　号：ISBN 978-7-5158-2307-2
定　　价：78.00 元

服务热线：010-58301130
销售热线：010-58302813
地址邮编：北京市西城区西环广场 A 座
19-20 层，100044
http: //www.chgslcbs.cn
E-mail: cicap1202@sina.com（营销中心）
E-mail: gslzbs@sina.com（总编室）

序

这套励志书由两部分内容组成，一是大师传记，二是名家文集。前者记述大师的人生事迹，评点他们的精彩瞬间；后者辑录名人的文章言论，展示他们的才华睿智。所选者，无不是成功的人生，无不是为后人所推崇和敬仰的人。对于我们每一个人来说，他们都是后人追求的榜样，励志的灯塔。其实，古往今来，所有的成功者，他们的人生和他们所激赏的人生，不外是："有志者，事竟成。"

励志是动宾结构的词，励是磨砺，志是志向，放在一起就是磨砺志向。所以说，励志不是简单的立志，是要像把刀放在石头上磨才能锋利一样，这个磨砺，也不是轻而易举地摩擦一下，而是要下力气的，对刀来说，不仅要把自身的锈磨掉，还要把多余的部分都要毫不留情地磨掉，这简直是一场磨难。所有绚丽的人生都是用艰难磨砺成的，砥砺生命放光华。可见，励志至少有三层意思：

一是立志。国人都崇拜的一本书叫《易经》，那里面有一句话说："天行健，君子以自强不息。"这是一种天人合一的理念，它揭示了自然界和人类发展演化的基本规律，所以一切圣贤伟人无不遵循此道。当然，这里还有一个立什么样的志的问题，孔子说："士不可以不弘毅，任重而道远。”古往今来，凡志士仁人立的都是天下家国之志。李白说：大丈夫必有四方之志，白居易有诗曰：丈夫贵兼济，岂独善一身，讲的都是这个道理。

二是励志。有了志向不一定就能成事，《礼记》里说：“玉不琢，不成器。”因为从理想到现实还有很大的距离。志向须在现实的困境中反复历练，不断考验才能变得坚韧弘毅，才能一步一个脚印地逐步实现。所以拿破仑说：真正之才智乃刚毅之志向。孟子则把天将降大任于斯人描述得如此艰难困苦。我们看看历代圣贤，从三大宗的创始人耶稣、默哈穆德、释迦牟尼到孔夫子、司马迁、孙中山，直至各行各业的精英，哪一个不是历经磨难终成大业，哪一个不是砥砺生命放射出人生的光芒。

三是守志。无论立志还是励志都不是一朝一夕、一蹴而就的，它贯穿了人的一生，无论生命之火是绚丽还是暗淡，都将到它熄灭的最后一刻。所以真正的有志者，一方面存矢志不渝之德，另一方面有不为穷变节、不为贱易志之气。像孟子说的那样：“富贵不能淫，贫贱不能移，威武不能屈。”明代有位首辅大臣叫刘吉，他说过：“有志者立长志，无志者常立志。”这话是很有道理的。

话说回来，励志并非粘贴在生命上的标签，而是融汇于人生中一点一滴的气蕴，最后成长为人的格调和气质，成就人生的梦想。不管你做哪一行，有志不论年少，无志空活百年。

希望你能喜爱这套励志书，让它点燃你的生命之火，让人生变得更加绚烂。

徐 潜

前　言

一份爱国的热忱，一颗高傲的灵魂，一场孤独的旅程，一生洒脱的性情。在这世上，鲜有人可“触多方而俱有成”，能在某一点上有所突破，已是不枉此生的。然，有这样一人，在其所涉及的众多领域中，都能游刃有余地行走，许多旁人望尘莫及之事，他均可做到成绩斐然。

这个人，就是刘半农。

刘半农，是一个不俗之人，他的名字前，应当冠上许多个“家”，但称其为“杂家”是最恰当不过的。刘半农在文学创作领域徜徉多年，对于小说、诗歌、戏剧、散文、杂文等的创作非常熟悉，且有十分独到的认识和见解，其对语言文法亦是很有研究，颇有心得。而其在语音学上精耕多年，所获佳绩更是不必赘言了。

只是，如此之贡献极大之人，早年却因学历太低，善写“打油”而被称太“浅”，着实令之大受挫折。

刘半农的一生丰富多彩：天生勤奋，对新事物充满好奇和探索之心，却因学历太低遭到无视；自小成家，却能和妻子贫富相依，钟爱一生；自尊心强，却能为了梦想受尽艰苦而在所不惜；热爱生活，却甘愿为了事业和祖国放下安逸，贡献此生。

刘半农的路，走得太曲折，但他却一直昂首阔步地前进着。一路的坎坷波折，也自有一路的满满收获。

由最初的投稿被拒，常常被人指责和批评，到最后成为五四运动的倡导者，成为《新青年》的主力，成为文学界举足轻重的人物。刘半农依旧是“半农”，而勇敢、活泼、好学，也逐渐让他的“浅”蜕变，进而成了一种优势。

鲁迅在《忆半农君》中这样评价刘半农：“不错，半农却是浅，但他的浅，却如一条清溪，澄澈见底，纵有多少沉杂和腐草，也不掩其大体的清。倘使装的是烂泥，一时就看不出他的深浅来了；如果是烂泥的深渊呢，那就更不如浅一点的好。”

是的，刘半农的人生是逐渐由“浅”入“深”的。

在学术研究上，他孜孜不倦。5 年多的欧洲留学生涯，他付出了常人难以想象的血汗，承受着难忍的艰辛，可也在语音学上取得了不俗的成绩，其发表的《四声实验录》填补了我国在此项专业上的空缺，在国际上也是新的突破。

其时，刘半农拿到了博士学位，载誉而归。回到国内，积极筹建语音实验室、研究精密仪器、参加考古、保护文物、抵御列强……

在教育行业中，回国后的他于北京大学任教，为教育事业的发展、改革煞费苦心。其参与了辅仁大学、女子文理学院等学校的改革。在师资管理、校园建设、教育方向和理念上，他更是亲力亲为，多所大学都在他的影响和努力下步入正轨。

在文学艺术上，他的广泛爱好为其助力良多，民歌、白话诗、摄影等领域，也因此多了个不俗之才。一首《教我如何不想她》，开始让人彻底认识了他。而后其在《语丝》上书写了无数篇战斗檄文。他亦担任过《世界日报·副刊》的主编，出版了《扬鞭集》和《瓦釜集》等重要作品。

刘半农一生诗歌无数，经典文章亦是无数。他思维活跃，敢于直言，直率的性格虽招来很多骂声，可也交到了很多挚友。

而在生活中，他是一个幸福的男人。结发妻子，两女一儿，相伴一生，其乐融融。

遗憾的是，美好的生活在不知疲倦的刘半农的执着下戛然而止。在去绥远一带考察民歌时，不幸被毒虱咬后感染，患病而亡，享年 44 岁。

刘半农离去了，他的作品和精神延续在时代的记忆里，如浩渺的夜空中，点缀在黑幕上的耀眼星宿一般，永远闪烁！

编　者

目　录

书香门第，少年才俊

品味书香，苦难成长

刘半农的老家在江苏省无锡市附近的江阴，是个自古就出名人才俊的地方，如果刻意追溯，是可延伸至春秋战国时期的。

古时候，江阴被称为暨阳，是个枕山负水、襟带三吴之地。春秋时期，吴国的公子季札被册封在此地；到了战国时期，这里的主人是春申君黄歇，所以这里也承载着悠久的历史使命。

追溯刘家的家谱，可以发现刘家自曾祖父刘荣开始就有着不平凡的经历。刘半农的曾祖父刘荣生于嘉庆十一年，死于同治三年，为人慷慨重义，是当地有名的“忠义”之士。咸丰元年，也就是 1851 年，洪秀全连同杨秀清、萧朝贵、冯云等人发起太平天国运动，开始了一场规模较大的农民起义，反抗清朝的封建统治。在此期间，刘荣和他的长子刘汉因组织当地的义民剿除逆匪，双双遇难，被杀害的时间相隔不过十几天。刘荣死时 59 岁，而他的长子刘汉年仅33岁。刘氏父子慷慨英勇的行为，受到乡邻的赞颂，均被列入当地的“忠义祠”之中，受百姓的香火供奉，以示敬畏。

刘半农的父亲并不是祖父的亲生儿子。刘汉，也就是刘半农的祖父，在遇难之时，并没有留下子嗣，刘汉的妻子夏氏在他去世十几年之后，想在乡下的本家之中过继一个孩子，承袭香火，奉养终老。

夏氏是个心地非常善良的人，她选中的是一个家境比较贫困的本家，他家中共有四个孩子，三个男孩和一个女孩，夏氏希望能选个大一些的男孩，带回来直接可以送到私塾去读书，也方便照顾。

夏氏去领孩子的时候，看到三个男孩子都躲在床底不敢出来，而那个女孩子也躲在母亲的怀中啼哭不止，这样的场景让夏氏心里非常难受，她一再向几个孩子的父母保证不会亏待孩子，并对几个孩子说:“我们本来就是本家，以后还可以经常往来，还可以常回家来看望父母和兄妹，并且还可以减轻家里的负担，我老了之后也有个依靠。”

之后，又对着哭泣不止的女孩说:“别哭，别哭！你的哥哥到了我们家，你也可以常来玩，我也有了侄女不是吗？”在夏氏一再的保证和规劝之下，孩子的父母稍有安慰。夏氏希望可以带老大走，但是老大死活不肯，这时只有5岁的老三从床底下爬出来，说道:“我去，这样家里也少了一个人吃饭。”

这个懂事而又听话的孩子叫刘宝珊，他就是刘半农的父亲。就这样，刘宝珊被夏氏带回家去悉心抚养，并送入私塾读书。当时，夏氏的家境也不富裕，可她希望这唯一的儿子能够有学识，受人尊敬，于是便靠纺纱织布赚钱来供养刘宝珊读书。好在刘宝珊十分上进，且聪明好学，在1896年——他26岁的时候，考中了江阴县

（现为江阴市）儒学生员，从此在家中办起私塾，教书育人，养家糊口。

刘半农的母亲蒋氏也同样有着一段辛酸的经历。蒋氏出生在一个贫苦的家庭，出生没多久父亲就去世了，她的母亲由于没有经济收入，无法抚养嗷嗷待哺的女儿，只能忍痛把她扔弃。

当时正值严冬，河流表面都冻上了冰，蒋氏就被扔弃在冰面上，恰好此时刘半农的祖母夏氏从河边路过，便把她捡回家中与刘宝珊做伴，她也就成了刘宝珊的童养媳。

蒋氏的母亲对女儿非常愧疚，可因为没有经济来源，也无能为力。后来，她无处可以居住，便留在刘家附近的圆通庵中，默默忍受内心的自责和痛苦，却也偶尔能看到女儿的状况，也算是一种安慰吧。

在当时社会，刘半农母亲幼年时期被遗弃的悲惨遭遇不是个别的现象。封建旧社会时期，弃杀女婴是一个社会问题，归根结底是当时的经济生产与人口生产之间的一种矛盾，男孩作为主要的劳动力被允许生存，而女孩因劳动力不足则被遗弃或者杀死。

许多年之后，已成年并且对社会有一定认知的刘半农，曾经与弟弟刘天华讨论过母亲的问题，他说："对于外祖母遗弃母亲这件事，不能完全怪外祖母，这是一个社会问题。"这些悲伤的事情，后来也成为刘半农小说和诗歌的题材之一，为的是通过这些故事反映一些残酷的社会问题，让人重视，给人警醒。

父亲是在远方亲戚处领养的孩子，母亲是被遗弃的孩子，在善良坚强的祖母的抚育下，这个拼凑起来的家庭建立了起来，刘半农就是在这样一个家庭中出生的，虽然贫穷，但接受的教育却并不比别人少，甚至更多。

刘半农年幼时期就接受到来自父亲关于江阴文化的启蒙教育。刘半农，原名刘寿彭，后改名刘复，初字伴侬，有时用瓣秾，后改字为半农，号曲庵。自改名“半农”之后，一直沿用。他出生于1891年，也就是清朝光绪年间。

寿彭是父亲给取的名字，父亲希望他能够像古时候的彭祖一样长命百岁，健康成长。他的出生，为这个苦难的家庭带来了新的希望和生命的活力，婴儿时期的他白白胖胖，大眼睛黑白分明，深得父亲喜爱。

父亲刘宝珊常常在教课之余抱着他四处走走逛逛，教他分辨大自然的各种物象，哼唱各种儿歌和家乡的民谣，于是聪明的阿彭在3岁的时候，已经能够咿咿呀呀地背诵儿歌了。看到儿子如此聪慧乖巧，刘宝珊喜不自禁，也更加认真地教导他读书识字并更多地汲取江阴地区的传统文化。

年幼时期父亲关于方言、儿歌甚至是地方文化的教育，是刘半农最早的启蒙教育，也是他对这个全新的世界最初的认识来源，这对他后来的语言学成就有很深远的影响。日后，他对于方言和儿歌的偏爱，以及后来对这些的研究工作，正是源于此时的积累。

春来春往，时光飞逝，在优美的儿歌的陪伴下，小阿彭又迎来了新的小伙伴——他的弟弟寿椿出生了。刘半农的弟弟刘寿椿，也就是后来著名的民族音乐家、作曲家和演奏家刘天华，他被称为“中国现代民族音乐一代宗师”。

二弟寿椿名字的由来也寄寓了父亲的厚望。在刘宝珊家居住的西横街上，有一棵非常茂盛的香椿树，香椿树的嫩叶是可以食用的。在春天，香椿树抽出嫩绿的枝芽，把它摘下来可以做成极具特色的土菜香椿饼卷或者香椿拌豆腐；夏天的时候，枝芽长成翠绿的叶片，形成绿荫，可供街坊和乡亲纳凉遮阳。如果碰上荒年，这香椿树更成为人们救命的粮食，所以说香椿树是造福于人的象征。

父亲给二子取“椿”为名，就是期望他能够福寿绵长、造福他人。两个儿子的名字都别有寓意，可见刘宝珊对于两个儿子都寄寓了深厚的期望。

寿椿的出生，在为家庭增加喜悦的同时，也让本来就不富裕的家庭生活从此变得更加困难了。此时的刘半农虽然仍旧年幼，但是相较于摇篮之中的寿椿，自然算作是大孩子了，他也开始要帮母亲承担起一部分家务和责任了。

寓教于乐，童年生活

幼年时期的刘半农，家境贫寒，只靠父亲微薄的收入度日，因此，常常是一天仅能吃两顿饭，而且饭食还不多，所以小时候的刘半农常常要饿肚子。

刘半农家的对面有一片宽阔的场地，很多小孩子经常在这里玩耍，在他吃不饱饭的时候，因为没有力气，只能坐在门槛上望着小孩子玩耍。

一天，有个卖豆花的小贩来到这里，很多小孩子都围着豆花担子吃豆花，担子上的小火炉煎着香香的酱油，香味远远地飘过来，引得刘半农更加饥饿，他跑进屋子里问母亲：“为什么我们不吃豆花呢？”

刘半农的母亲只能说：“我们现在吃了豆花就不能吃晚饭了。”

懵懂的刘半农其实并不太理解母亲这句话的意思，但他还是懂事地点点头走开了。

天色渐渐变暗，孩子们吃完豆花都回家了，卖豆花的人也挑着担子走了，刘半农孤单地坐在门槛上望着远处的一处破塔，饿得发慌，他又回到了院子里，母亲正在替别人洗衣服，一只脚还在摇着摇篮里饿得啼哭不止的弟弟。

母亲看到他又回来，只得再次把他撵出去自己玩，因为家中没有米可以下锅。无奈，刘半农只得再回到门槛处坐着，他已经饿得呼吸不平稳了，全身瑟瑟发抖，但是他并没有哭，坚强地等着父亲买米回来。

到了晚上，父亲终于买回来一些米，吃饭的时候刘半农想再添半碗，却被父亲喝住，嫌他吃得太多了。

母亲于心不忍，眼泪流了下来，哀声对着父亲说："让他多吃一口吧，你少喝一点酒，再不然，就当我多吃了一口。"

幼年时期的苦难经历，造就了刘半农坚韧的性格，在以后的生活中，无论再遭遇怎样的苦难，他都能坚强地挺过去，从不放弃。

后来，刘宝珊与别人一起办了一间私塾，渐渐地在当地小有名气，家里的条件也慢慢有所好转，刘半农也终于能够像其他孩子一样过上无忧无虑的生活，不用再忍受饥饿了。此时，他已经6岁，在父亲办的私塾里读一些启蒙书籍，课余时间就带着弟弟和小伙伴们到处玩耍。

幼时的刘半农是个活泼好动的孩子，江阴的四季有着不同的景色，对于小孩子来说更是蕴藏着无穷的乐趣，春天可以采鸡头菜、在山坡上骑水牛；夏天上树采桑葚、摘野桃、捉蟋蟀；秋天在湖边挖菱角、捞螃蟹；冬天在池塘里挖莲藕、下网抓鱼，刘半农觉得好像总有玩不够的趣事，有一首民谣，似乎正是为了描述他这个年纪的孩子的状态而作：

网鱼漉鳖，在河之洲；
咀嚼菱藕，捃拾鸡头；
蛙羹蚌臛，以为膳馐；
布袍芒履，倒骑水牛。

在小河附近的沙洲上，网鱼捉鳖；饿了的时候随手在河边捞菱角、挖莲藕吃；捉来的蛙做羹汤，吃食蚌肉，在当时的年纪来说简直是难得的珍馐佳肴；穿着布袍草鞋，倒着骑在水牛上看这个世界，简直奇妙无穷。

这首短短的小歌谣，竟然把刘半农一众小伙伴的趣事都惟妙惟肖地描写了进来，实在难得，即便是在长大之后，离开了家乡，再唱起这首歌谣，也同样能想起当时的妙趣，所以刘半农喜爱歌谣，收集歌谣，并希望将歌谣传承下去。

年少的孩子，对于世界充满了好奇，即使在草棚中住一晚也好像充满无穷乐趣。因此，童年的时光对于刘半农来说是难忘的记忆，有些也成为他日后创作的源泉。在异国他乡求学之时，他还曾谈起童年的生活，写过一首《稻棚》来怀念当时与家人、舅舅一起在稻棚中住宿那一夜的场景：

凉爽的席，
松软的草，
铺成张小小的床；
棚角里碎碎屑屑的，
透进些银白的月亮光。

一片唧唧的秋虫声，
一片甜蜜蜜的新稻香——
这美妙的浪，
把我的幼年的梦托着翻着，
直翻到天上的天上！

回来停在草叶上，
看那晶晶的露珠，
何等的轻！
何等的亮！

这首诗是刘半农在伦敦求学期间所作，正是为了纪念童年时期美好的记忆和快乐的时光。那些岁月虽然远去了，但那些美好的回忆却永远停留在他的心中。

除了与小伙伴们一起玩耍的这些游戏，刘半农还有个秘密的去处——后院的井边。刘半农家中的后院有一口小井，位于厨房的屋檐下。当写作业累了，他就喜欢趴在井边向下看，井水深不见底，水波涌动千变万化，好像蕴藏着一个神秘的世界，让幼小的他浮想联翩，觉得很有趣。由于井口很小，他的母亲很担心他会掉下去，所以在看不到他的时候就知道他又跑去看井，经常要把他喊回来。

多年之后，刘半农在巴黎看当地小孩子过圣诞节，遥想起当年在家乡看井的情形，写下了《看井》一诗：

我小时候最喜欢的是看井；
——深——深——深——

一块美丽的天。

映着个我自己的小圆脸。

“阿彭快来，你又去看井了！”

这是我母亲的声音……

小小的一方水井，并不见得多深，却寄托着小孩子对未知世界的探知欲望，加之大人的渲染也为这事件本身涂抹了神秘的色彩，长大后再回忆起来，别有一番乐趣。

在玩乐的同时，刘半农也渐渐显露出他的聪慧和好学。1898年，刘半农 8 岁，他非常喜欢画画，还把小动物画在床侧的墙壁上，父亲看他如此喜欢涂画，就买了两本画谱让他学。自此之后，他常常照着画谱画个不停，时间长了，不仅画得熟练，而且还能自己画出写意画来，比如把“人”字倒着写代表大雁；一个重笔画上面加个轻笔画代表船只；画一个小点加一个大点代表小鸭子等。

有一次，刘半农父亲的一位懂绘画的好友来访，看到了他画的画，觉得他非常有潜质，便有意指点他几句，便对年幼的他说道：“画山水画最重要的是要有水。如果画中有水，即使没有山也可以；但是画中只有山没有水，那这幅画就会显得死板，令人透不过气来，因为正是水表现出了聪明和秀媚，一幅画中如果有了水，就显得意境悠远了。”

父亲这位好友的一番话对刘半农的影响不小，也得到了刘半农的认同。他后来对水都非常喜爱，其一是因为他出生在水乡，令他怀念；其二就是因为这位伯伯关于“水”的一番话。

刘半农在绘画上的这点喜爱和钻研，对于他日后研究声韵、绘制声音曲线图的事业有很大的帮助。

至此，在快乐、自由的氛围中，刘半农的童年接近了尾声，1901年时，他已经11岁了，即将进入父亲创办的学校读小学，开始全新的求学生涯。

拔得头筹，进入中学

刘半农已经到了上小学的年纪，顺理成章地来到了父亲和友人杨绳武创办的学堂。

该学堂是个新旧体制相结合的学堂。何为“新旧体制相结合”？其实也就是新式的西方教学和传统的中国旧式教学并存，学习的内容较旧式学堂要丰富得多。

这种新旧式体制相结合的学堂的存在，在当时也是环境的产物。此时的中国处于光绪皇帝统治的时期，连续经历了鸦片战争、中日战争、八国联军入侵等几场战争，清廷均失败，与多个外国资本主义列强签订了丧权辱国的不平等条约，沦为了半殖民地半封建社会国家，社会形态已经呈现出一种扭曲的状态——一方面，中国传统的自给自足的重农经济状态被打破，外国列强强行闯入中国的市场，经济受到空前的打击；另一方面，资本主义国家又要在中国掠夺劳动力、生产资料，中国的经济已经处于崩溃的边缘。

封闭的中国被强行撕开了一道口子，被迫面对外面的风雨，面对如此窘迫的处境，清政府即使昏庸无能、闭目塞听，也终究意识到了先进科学文化的重要性，毕竟他们真正经历过西方洋枪洋炮对战中国的刀戈剑戟的战争，科技的差距显而易见。因此，为了挽救岌岌可危的统治权，清政府的革新派也提出了学习西方先进科技的措施，并派出优秀的学生前往西方国家学习，以图自强，此所谓：“师夷长技以自强。”

翰墨林小学，就是在这样的社会环境下应运而生的，其也是旧式学堂向西式学堂过渡时期的一个产物。学校的课程安排结合东西方的课程特点，中国传统的教学内容包括:《古文观止》、《三苏策论》、《纲鉴易知录》、《五经备旨》、《四书味根录》等，当然也包括科举考试的八股文的练习；西式的教学内容包括了英语和算术，每天的课程内容非常充实，晚间还有自习。

刘半农在功课上非常认真，再加上天资聪明，所以他的成绩一直名列前茅。他幼年经历过贫穷，因此十分珍惜学习机会，出色的成绩中尤以国文和英文更胜一筹。

学习中，刘半农不是个人云亦云的孩子，他很喜欢独立思考，并且有自己的独特见解。有一天，担任国文老师的杨绳武为学生们讲了春秋战国时期“四公子之一”的孟尝君田文的故事。

孟尝君田文是战国时期齐国的贵族，他为了巩固自己的地位，维护自己的利益，广纳人才，很多人都慕名前往做他的门客，因此有“孟尝君食客三千”之说。孟尝君爱惜人才，网罗门客，但是这些门客却良莠不齐，甚至有鸡鸣狗盗之辈。

针对这个故事，杨绳武要求学生们做一篇文章。

大多数的学生都称赞孟尝君的爱才之处，认为他是“得士”之主，但是刘半农却有着不同的见解，他认为：有鸡鸣狗盗的人出入的门庭的主子难道就算“得士”了吗？鸡鸣狗盗的人根本就不能算作是“人才”！

杨绳武看过他的文章惊叹不已，没想到年仅 11 岁的孩童竟能有如此思考，并且得出自己的见解，实在难得，不禁向其他的老师夸赞刘半农：“此小子不同凡响，前途不可限量。”

在学堂学习的日子，就这样日复一日、年复一年如白驹过隙一般，刘半农热爱学习，兴趣广泛，徜徉在知识的海洋中，获取了数不尽的乐趣，也掌握了扎实的基础知识。

后来，刘半农参加新文化运动，尝试用白话写小说、写诗歌、写散文，就是因为他有着深厚的文学写作功底，不仅知识渊博，博古通今，而且对于各种文体更是驾轻就熟，了如指掌，因此在找到了新的文学形式的时候，他便更能挥洒自如，游刃有余，成为新文化运动的骨干和先驱了。

彼时的挥洒自如，文思泉涌，正是他少年时期在学堂的刻苦学习、善于思考得来，扎实的基本功加上独立的思考能力，是刘半农日后取得重大成就的重要因素之一。

父亲的悉心教导对他的影响也非常大。刘半农的父亲本身是个读书人，并且有功名在身，曾考中秀才，担任过私塾的先生，后来又自己创办学校，对于教育孩子颇有经验，他将那些优秀的教育方法潜移默化地用在教导自己的儿子身上。

刘半农年幼时，他教导儿子念儿歌、读方言，学习家乡的传统文化，长大后又教导儿子如何思考学问，如何做人，如何学习，这让刘半农受益匪浅，对养成良好的人生观、价值观有着至关重要的作用。刘半农一生都保持着记日记的习惯，这个习惯正是在父亲的悉心指导下养成的，此令其受用终身。

《论语》中说："三人行，必有我师焉。"学习时期的刘半农谦虚好学。翰墨林是中西体制结合的学校，学校的氛围也相对要开放一些，招募了很多有进步思想的人做老师，这其中有一位叫刘步洲的老师，他在标点方面的独到之见，对刘半农有极大的影响。

刘步洲当时在翰墨林小学担任国文老师，常常要教导学生阅读和学习古文，但是他对于文章竖写且没有标点符号不太认同，因此他自定了标点符号。这种独立、创新的思维模式对刘半农的影响非常大，可能正是刘步洲的这一举动启蒙了刘半农，所以他后来参加新文化运动，成为文字改革的先驱。

刘半农随时都谨守一颗学习之心，他的老师并不仅仅是学堂的老师、私塾的先生或者悉心教导和耳濡目染的父亲，还有生活中遇到的人和事。

刘半农家附近有座破庙，他和弟弟经常在那里玩耍，此处住着一个卖萝卜的穷苦人。有一天，庙里来了警察，说这座破庙已经标卖了，轰撵着卖萝卜的人："你快走，这可不是你待的地方。"

卖萝卜的心中害怕，口中赶忙应着："是！是！"可是他没有家，也没有地方可去。

第二天，警察又来了，把卖萝卜的人赶出了破庙，还把他的东西扔到外面，砂锅打碎了，席子、萝卜担子都扔在地上，担子里的红萝卜滚到了泥沟里，全都变成了黑萝卜。

此时，刘半农和弟弟，还有一起玩的孩子们都站在旁边，他们都被吓坏了，怔怔地看着发生的一切。

警察走了之后，弟弟说："真可怕！"

刘半农心中难过，回答道："我们要当心，一定不要做卖萝卜的。"

年纪尚小的刘半农可能不知道卖萝卜的人为什么会有如此遭遇，但是在他幼小的心灵深处，却留下了深刻的印记。待他稍稍长大了一些，才明白了穷人生活的艰辛，对卖萝卜人的悲惨遭遇十分同情，见多了穷苦人所受的苦难，他也逐渐形成了疾恶如仇的性格。

真实的生活残酷而血腥，同时也是孩子们最好的老师，让他们能尽快揭开生活美丽的面纱，直面真相。

6年的学习生涯，让刘半农无论在学习，还是为人处世方面都更加成熟，学习的乐趣让他也向往着更高的知识学府。1907年，刚刚成立的常州府中学堂举办考试，招考中学学生。这是一所新式的学校，在常州城东门内，占地30余亩，有300多间校舍，招募学生的要求也非常高，考试的内容也偏西式，分国文、算术、历史、地理等，刘半农带着对知识的渴求参加了这次入学考试。

当时参加考试的有180多人，年龄大小不一，上至五六十岁、下至十多岁的都有，刘半农在这些人之中脱颖而出，以江阴考生第一名的成绩顺利进入学校就读。因他考试成绩突出，学校将他分在二年级第一班，毕业的年限也较其他的学生早一年，其他的班级要5年毕业，而他所在的班级只需4年。

自此，刘半农离开家乡，有了新的学习环境。常言道，“男儿志在四方”，这也是他向着心中志向所在的方向更进一步的证明吧。

崭露才名，拜师名家

常州府中学堂是一所八县联办的学堂，在当时颇负盛名，是一群敢开风气之先的人共同创办的新式学堂，由屠元博担任校长。

屠元博当时只有28岁，博学多才，风华正茂，意气风发，满腔抱负，与志同道合的革命党人创办学校，是为了实现他的革命理想。他是同盟会的会员，一直追随孙中山，他心怀天下苍生，想通过现代的教育方式来振兴中华，他的教育理念融合了西方的教学观念。

为了让常州府中学堂更好地发展，屠元博亲自编订学校的管理细则，聘请有名的老师编排教学课程，出题考试、遴选新生，所有事务都亲力亲为，摒弃旧式教学理念，开创新式教育的先河，使常州府中学堂的盛誉快速提升，成为国内一流的中学堂。

因为被创办者寄予厚望，常州府中学堂在创办之初，就肩负起时代发展与社会进步的神圣使命，故而它对学生的甄选非常严格。

事实证明，常州府中学堂的确为国家输送了很多优秀的人才，从这里毕业的许多学生后来都有一番建树，比如与刘半农同一时期考入学校的国学大师钱穆，以及比他要晚几届的、被称为“中国会计学之父”的潘序伦；刘半农的弟弟、民族音乐家刘天华等。

1907 年 11 月 15 日，17 岁的刘半农同其他学生一起开始了令人难忘的学习生活，这段时光不仅丰富了他的学识，对他看待世界的眼光也起到了“聚拢”的作用。

在常州府中学堂学习的日子充实而忙碌，由于校长屠元博以“整肃”的原则来管理学校，并将其作为校训教导学生，因而对各方面要求都十分严格：比如，学生们进出学堂要排列成队；上课期间要认真听讲；课余时间活动 1 小时，晚上还要有 2 个小时的自修；所有的学生必须住在学校里，只有星期日才可以回家，离校和返回学校都要登记点名，如果违反规定就会受到处罚。

常州府中学堂是中西式结合的学堂，教授的课程丰富而全面，中西方的课程都有所涉猎。刘半农非常喜欢这里，在此除了能学到国文、算术、体育、音乐、图画、会话、读经讲经、修身等，还可以学到兵操、英语、日语、中外历史、中外地理、生物等更多新鲜的知识，拓展见识，丰富学识。

为了全面培养各方面的人才，学校对于教材的选择偏向于经典著作。在读经讲经课上所使用的教材有《春秋》、《左传》、《周礼》等；英语课则直接使用经典的英文小说原本，比如《鲁滨孙漂流记》、《天方夜谭》等；修身课的教材则是“五种遗规”，也就是《养正遗规》、《训俗遗规》、《教女遗规》、《从政遗规》、《在官法戒录》。

任课的教师很多都是从西方留学回来的，对西方的教学方式非常熟悉，故而教学方式也非常新式、自由，学校甚至还会聘请外籍老师来任课，教导器械和柔术等。

有一些课程没有合适的讲义，就由当时的任课老师来编写，比如国文课的讲义《楷书习字帖》，就是由童伯章老师亲自撰写的《说文》，其他比如化学教师恽福森、历史教师吕思勉、美术教师吕凤子等均使用自己编写的讲义来教导学生，这使得课程的学习与老师的经验也更加贴合，对学生来说受益匪浅。

除了教学课程之外，屠元博还会将一些先进的思想观念传授给学生们。屠元博身为同盟会成员，参加革命，亲眼目睹了社会动荡不安之下的民生凋敝，人们流离失所，祖国正忍受着痛苦的时刻，他百感交集，便希望振兴教育，以图救亡国家。他希望培养出更多能救国救民的人才，为国家的存亡而努力。

屠元博以自己的所见所闻和社会的现实为教材，向常州府中学堂的学生们介绍了孙中山、章太炎、邹容、陈天华等革命党人的革命思想，不仅学生们受到爱国主义和革命思想的熏陶，就连学校的教职员工也深受其影响，常常和他积极参加革命活动，成为积极的革命分子。

身为一校之长，屠元博并不古板守旧，虽然治学严谨、校规整肃、要求严格，但他崇尚思想的自由，尊重学生的观点和意见，注重学生的成长，为学生请来名师教学，因此受到师生的尊敬。

在如此良好的教学环境下，刘半农畅快地吸吮着知识。无论哪一门课程，他都非常尽心去学习，加之他天资聪颖，喜欢学习，每科成绩都很优秀，平均成绩均在90分以上，屠元博很喜欢他，常常称赞他的勤奋好学，这也使得刘半农在学校之中小有才名。

勤奋之人，自有宽广之路。刘半农勤奋好学、才识匪浅，便入了著名史学家屠敬山的眼，并成其爱徒。屠敬山原名屠寄，字敬山，是屠元博的父亲，系清朝末期非常有名的历史学家、社会学家和教育学家。屠敬山学识渊博，淡泊名利，一生致力于研究历史、地理，尤其对西北地区的历史特别喜爱，在蒙元史方面有划时代的成就。

一次偶然的机会，刘半农去拜访校长屠元博，恰逢屠敬山在家中，于是便交谈起来。在交谈过程中，屠敬山发现刘半农知识广博，又有见识，对待事情还很有自己的见解，是个非常难得的人才，对他颇为欣赏，于是便破例收他为徒弟。

本就小有才名，又被远近闻名的史学名家收为弟子，这件事在当时被传为佳话，刘半农一时声名鹊起。然而，树大招风，外界有人赞誉，就有人诋毁，赞誉者称刘半农的学识好，诋毁者则言他是运气好，并善于经营，讨好师长。刘半农听闻此言非常气愤，从此更加勤奋，决心用自己的实力让谣言不攻自破。

很快，机会来了。时任常州府知府黄步瀛是个非常喜欢旧文学的人，也是位重视教育的官员，在一次视察常州府中学堂的时候，一时兴起，当场为学子们出了一道作文题目，想看一看学生们的学习水平如何。

如此突如其来的考试，学生们自然没有准备，没有长时间的思考和周详的思虑，只能依靠平时的真才实学应对，最终的考试结果是：曾经的“江阴魁首”刘半农再次夺魁，赢得了第一名。

对于这个结局，旁人自是心服口服，更加佩服刘半农的才学。自此之后，学校的学生对刘半农都非常敬佩，连先前对他怀有嫉恨之心的人也不得不暗竖大拇指。

在中学学习期间，刘半农成绩优异，几乎每年考试都能获得第一名，因此被学校列为优等生行列，更有甚者以结交他为荣。

才子佳人，传奇姻缘

1910年，20岁的刘半农也迎来自己人生中的另一件重要的喜事——成婚。

刘半农与妻子朱惠在1910年6月初仓促举办婚礼，此时刘半农高中还没有毕业。为何会仓促呢？因为此时刘半农的母亲蒋氏病危，旧时的江阴地区有“冲喜”一说，认为喜庆的事情能够将病人的厄运冲走，刘家也希望能通过“冲喜”的方式免除灾祸，让蒋氏的疾病有所好转。这种方法如今看来完全是一种迷信的做法，没有任何科学依据，但对于旧时医疗落后的人们来说，这是一种希望，一种精神寄托，刘半农是一个孝子，为了挽救母亲的生命，他自然同意结婚。

刘半农的婚姻虽是旧式的包办婚姻，可他与妻子并非不曾谋面，夫妻俩也不是旧式包办婚姻下产生的怨偶。对于新娘朱惠，刘半农并非一无所知。刘半农11岁时与朱惠订婚，他早就知道在家乡那条河的对岸，住着他的小小新娘，每次在河边玩耍、骑水牛，都会牵动小小的思绪，隔着对岸的青山绿水，少年时代朦朦胧胧的爱就在潜意识里暗自生长。他后来创作的作品中，曾经有一首诗——《山歌》中有这样的诗句：

小小里横河一条带，
河过边小小里青山一字排。
我牛背上清清楚楚看见山坳里，
竹篱笆里就是她家格小屋两三间。

这一段简单的诗句，把当时小少年暗自萌生的情愫表露出来，一间小屋，一个竹篱笆，仿佛都充满了不一样的色彩，这就是情人间一种奇异的感情。显然，少年时的刘半农对自己的未婚妻还是充满期待和情谊的。

按照旧时封建礼教的规定，未婚的男女是不能见面的。然多时的情感寄托化成了实际行动，终日寄情思于竹篱笆和屋舍的莽撞少年，终于在一个融融的春日，不顾违背礼教敲开了心上人家的门，来到朱家，想见一见终日相思的未婚妻。

此时的少女，正那样俏生生地站在院子里晾衣服，不远处的桃花正开得灿烂，此可谓“人面桃花相映红”。此时的朱惠见到不请自来的未婚夫，霎时红了脸庞，惊慌失措地躲入屋中。

匆忙之间，刘半农并未仔细瞧见未婚妻的面容，只是一对裹着的小脚在匆匆一瞥间闯入他的眼帘。按照旧时的规定，女孩子到了一定年纪要开始裹小脚的，否则就会遭人耻笑，而刘半农却对这种令人痛苦的规定不以为然。回家之后，他便让母亲传话给未婚妻的家人，让朱惠放开裹脚布，不要受这种苦难。对于未婚夫的这一关怀，朱惠感激不已，也正是刘半农的细心关怀，令朱惠可免去这种束缚。

年少时突破礼教，闯入未婚妻的家中一睹其芳容，不仅让未婚妻免予痛苦，而且还留下一段关于爱情的唯美记忆。在刘半农留学伦敦期间，他曾经忆起这段往事，写下民歌《河边浪阿姐你洗格啥衣裳》，其中有这样几句：

河边浪阿姐你洗格啥衣裳？
你一泊一泊泊出情波万丈长。
我隔仔绿沉沉格杨柳听你一记一记捣，
一记一记一齐捣勒笃我心浪。

这首民歌，缘起于刘半农对未婚妻第一次的匆匆一顾，那时少女在自家院子中洗衣、晾衣，仿佛每一个动作都如一记重拳，深深印入少年的心中。刘半农后来曾说，当日在未婚妻家看到的桃花、晾衣服的衣杆，还有未婚妻晾衣的身影，都深深镌在他的记忆中，成为回忆当时情景的甜蜜影像。

与心爱的未婚妻成婚，刘半农心中自是高兴而甜蜜的，只是结婚的缘由和婚事仓促，让这份甜蜜之中增添了一丝苦涩。婚期定在夏季，正是炎热的时节，因家中不宽裕，新郎刘半农也并没有一件新衣可穿，仅仅在头上戴了一顶亮蓝顶子，便算作与往日有所区别。吹上几声唢呐，放上几声鞭炮，刘家便把新娘子接进门，这婚礼就算完成了。

揭开簇新的红盖头，终于能够仔仔细细瞧见心上人的模样，朱惠皮肤白皙，面目清秀，在眉心还有一颗“美人痣”。对于这颗“美人痣”，刘半农曾作诗打趣道——“妻有眉心一点麻”，却并非嫌弃，而是一种宠溺地喜爱，他解释说：“我妻子两眉之间有一点麻子，此外却是光秃秃的，并非满天星斗。”

新人相聚，可这喜事并没有起到该起的作用，蒋氏在刘半农结婚之后不久就去世了，刘半农和妻子脱下婚服之后立即就穿上了丧服，送走了母亲。幸而，结婚仓促，但并不影响小夫妻的恩爱。

刘半农很感性，对于情感专注而细心。在蜜月之中，他用自己的小镜箱为心爱的妻子拍了一些照片，并亲自到暗室中冲洗，这是对新婚最好的记忆。

随着时间的推移，新婚时发生的事情可能会渐渐淡忘，但看到照片就会想起当时的甜蜜。十几年后，当刘半农再次寻出这些新婚时的照片，忆起当时为妻子照相的情形，吟诵出"暗红光中的蜜吻"的诗句来怀念，并将其写在照片背面，后来被刘半农的大女儿刘小惠看到，她对着父亲哈哈大笑，刘半农不禁摇头失笑。当时只顾着感怀和记录新婚时难忘的记忆，没想到却成为女儿的笑柄！

刘半农与妻子虽不是自由恋爱结合，却也两情相悦，婚后有着无尽的甜蜜，但据说这姻缘背后却有另一段隐情。

据后来刘半农的女儿刘小惠说，他父亲最初的订婚对象并不是母亲，而是母亲的妹妹。刘半农的母亲蒋氏信仰佛教，经常到附近的寺院烧香拜佛，而朱惠的母亲也是虔诚的佛教徒，也经常到这座寺庙，两人在庙堂中经常相见，便成为无话不谈的佛友。

一次，蒋氏带着刘半农去庙里拜佛，碰巧遇到朱惠的母亲带着两个女儿到庙里游玩，这让两个女儿有了意外惊喜。朱惠的母亲见刘半农相貌端正，又很聪明活泼，便萌生了将长女朱惠许配给他的念头，于是便同蒋氏提起。此时朱惠 14 岁，比刘半农要大 3 岁，亭亭玉立，温温婉婉，蒋氏非常喜欢，便各自回家同丈夫商议。

不想，刘半农的父亲听闻此事却极力反对，他认为与朱家门第有所差别，就以朱惠年龄偏大且属相不合为借口拒绝了，然朱家大概对刘半农十分满意，遂又提议将二女儿配给刘半农。话至如此，刘半农的父亲无法应对，只得答应了，却没想到朱家的二女儿在不久之后患病去世了。刘家很是惋惜，也很同情朱家的遭遇，因此在朱家再次提出将大女儿许配给刘半农时，并没有反对，于是才成就了此段佳话。

对于妻子，刘半农十分爱护。婚后的朱惠吃苦耐劳，勤勤恳恳地经营家计，在刘半农出外闯荡的几年间努力支撑家庭，还因劳累过度两次流产未能生育，刘半农的父亲对此非常不满，想要为刘半农纳妾，以继承刘家子嗣香火，刘半农却极为反感，因他接受新思潮的影响，对于婚姻观念有了新认识，并且与妻子感情甚笃，不希望妻子因此受委屈，破坏两人的感情。为了避免与父亲产生正面冲突，刘半农悄悄将妻子接到上海与他一起生活。

到了上海，虽然生活仍旧辛苦，但能在爱人身边，辛苦也变成了甜蜜。1916 年，刘半农的大女儿出生，为这个小家庭带来了新的希望和幸福，考虑到家乡重男轻女的思想，刘半农将女儿女扮男装养育，直到 1920 年到伦敦留学，才让女儿恢复身份。可见刘半农是个重情重义之人，对妻子和女儿都格外珍视，如此心挂亲人，又怎能不怀有一颗柔软之心，去悯怀黎民呢？

横空出世，文坛魁首

为谋生计，远走他乡

双十年华的少年，娶得心爱的女子，虽已成家，却未立业，刘半农还要继续未完的学业。日子依然与往昔岁月无二，缓缓而过，然在 1911 年 10 月 10 日，武昌起义爆发，如此安稳求学的日子也随之结束了。

战争爆发，政局动荡，依靠政府支持运营的常州府中学堂，因为经费不足不得不宣告停办，刘半农和一同在学堂上学的弟弟及众多学子一样，不得不暂停学业。中途辍学，非他所愿，可摆在眼前的现实便是——刘半农的中学时代结束了。

告别学堂，刘半农虽然心中有万般不舍，但回到家之后却立即投入新的身份中。

回到家乡的刘半农，凭借求学时期的优异成绩和良好的口碑，得到母校校长王翊唐的垂青，受邀担任翰墨林小学的老师。

靠着自身的努力和才华，刘半农获得了人生中的第一份正式工作，承担起养家的重任。这时的他，心中还是十分欢喜的，在教书之余，他还有精力与同乡吴跗因共同创办具有家乡特色的杂志——《江阴》。

人生中的每一种经历都不是无缘无故的，也许正是此时的契机和经历，奠定了刘半农日后成就学者之路的基础，并为文坛革新积累了经验。

历史的车轮缓缓前进，人作为历史的创造者，永远不可或缺。辛亥革命的胜利，推翻了中国两千多年封建帝制，革命的火种已遍及中国大地。

1912 年，中华民国临时政府成立，孙中山就任临时大总统，革命的浪潮空前强大，革命的火种也吹进了江阴大地。作为一名有思想、有理想的知识分子，刘半农受到革命浪潮的鼓舞，踌躇满志，他决定离开家乡，加入革命的行列，成为一名革命党，他期冀在新政府的统治下建功立业，开创一片属于自己的事业。

自古文人都有一个通“病”，以为建功立业如池边饮水一样简单，功名利禄唾手可得；即使命丧沙场，也可得个英雄之名，从此名垂青史，百世流芳。

像刘半农这样的文学才子也未能免俗，凭借一腔革命热忱，不顾父亲和妻子的反对，投笔从戎，毅然踏上了他心中革命的战场，就像盛唐时期的李白一样，畅想着“仰天大笑出门去，我辈岂是蓬蒿人”。

现实总是残酷的。刘半农单身匹马来到清江，怀揣着成为都督的梦想，投身军营，在一位军人的麾下担任文牍一职，奔波于淮、泗之间，经历过几次战争，终于认清了一个现实：一介文人，手无缚鸡之力，不能在战场上冲锋陷阵，拼杀救国，也就无法担任军队中的要职。

梦想幻灭，他开始失望、沮丧，然更让他灰心的是，仅仅过去不到两个月，孙中山就辞去了中华民国临时大总统的职位，由军阀袁世凯继任临时大总统一职，革命的果实还没有分享，就已经被窃取了。

刘半农带着惆怅的情绪，沉浸在革命之殇中无法自拔，无意中与人发生冲突，打了起来，最后也落了个惨败。他终于明白：他作为文人，不仅无法承担起当兵打仗的重任，而且连与人打架也不能赢，“武”并不是他所擅长。故此一肩行李，起程南旋，回到了家乡江阴。

返家恰逢临近旧历新年，家中开始忙碌起来，这多少将他失望的情绪略略冲淡。新年刚过，上海的一位友人听闻他回了家乡，来信邀请他到上海去，如此，他便带着弟弟刘天华搭上前往上海的船，希望在上海觅得可一展抱负的新天地。

投身文界，以笔为生

初到上海，面对陌生的环境，刘半农也感到茫然，但很快他就凭借自己擅“文”的优势找到了方向。他先后做过短期编辑、短期杂役等工作，随后不久在开明剧社稳定下来。

加入“开明剧社”是刘半农人生的重要转折点。

开明剧社在当时颇具规模，有独立的乐队，负责人是当时非常有名的话剧表演家李君磐，主要表演当时极为流行的洋装戏剧，刘半农在这里担任编剧一职，他的弟弟在乐队担任乐手。

编剧，是刘半农喜欢的职业，他不仅自己写剧本，有时也自己参演。有一次，在他的剧本上映的时候，团长带着一个人来后台参观，正赶上他在等着化妆。团长笑着对来参观的人说：“这是个顽童，请你帮他化化妆吧！”

原来，当时的刘半农虽才气纵横，却对化妆不擅长。在来人帮他化妆的过程中与之交谈，他才知道此人是徐半梅，在《时事新报》担任编辑。这次会面并不简单，徐半梅不仅带领他开启了一个更广阔的世界，而且也改变了他的人生。

这次会面之后，刘半农开始关注一些文学杂志。不久，刘半农在《时事新报》中看到徐半梅翻译的一篇小说，该小说是俄国著名的文学家托尔斯泰的作品。他对此颇有兴致，便向徐半梅询问这篇小说的事。徐半梅对刘半农印象很好，也乐于与他交流，就告诉他小说是从日文翻译而来。

刘半农闻言，心中大喜。他在中学读书之时，非常喜欢英文，也学得很好，此时的他便想自己是否也可以试着翻译一些外文小说。说干就干，他很快翻译出了两篇短篇小说，并寄给了徐半梅。

刘半农翻译的作品用词准确，篇章连贯，引人入胜，得到徐半梅的认可。徐半梅将其中一篇自己留用，刊登在了《时事新报》上，将另一篇推荐给了杂志——《小说界》。

这两篇译稿，为刘半农开启了一条新的道路。是年夏，刘半农有了一份新的兼职，在《中华新报》担任特约编辑，主要从事翻译工作。这份工作的由来，仍然是得益于徐半梅的引荐。

多次的通信和交往以及文学上的探讨和交流，让刘半农和徐半梅彼此建立了深厚的友谊。因此，在去往文学界开疆辟土的路上，徐半梅无可厚非地成为刘半农的引路人。

相较于之前从戎的经历，刘半农在文学方面要更游刃有余一些。在开明剧社从事编剧工作，业余翻译小说，他觉得自己完全可以应付，而且似乎更乐于从事这些工作。

刘半农有记日记、写札记的习惯，这得益于幼时父亲的教导。他心思细腻，观察入微，常常喜欢把身边发生的见闻记录下来，或是当作趣闻，或是一种谈资，而这种习惯也为他积累写作的素材奠定了基础。在他开始尝试写小说之后，这些日记和札记成为他笔端的灵感来源，也充实、丰富了他的小说。

在开明剧社，他还凭借这个习惯和自己细致的观察，为自己积累了小说素材，甚至还为自己和弟弟洗清了“不白之冤”。

当时，刘半农负责创作剧本，需要安静的环境，便同管理道具的小唐一同住在储藏室。宽敞的储藏室一分为二，前面用作宿舍，后面则用于储藏剧团里的道具。里面储存的道具价值几千元，有些还是托人从国外带回来的物品。谁料，刘半农和小唐都很粗心，常常门不闭户，来去自如，有时小唐甚至连装道具的柜子也忘记锁上。储藏室本来就是人杂之处，每天很多人来来往往，不久，果然出事了。

这天，刘半农的弟弟刘天华到剧社来看他，见他忙着写信，便在房间里随便翻看。看到装假发的盒子时，发现里面的假发没有了，便拿着盒子问：“这假发怎么没有了？”

刘半农听闻也立即放下手中的笔过去看，假发真的不见了！这盒子里装的假发价值不菲，是剧社特意请人从法国带回来的。

一开始，刘半农并没有把假发的失踪放在心上，他以为是被别人借走了，四下问问总会找回来。不料，问了很多人都说没借，大家听说假发失踪了，都聚集到储藏室来帮忙寻找，但翻箱倒柜找了很久也没有找到假发的踪迹，一会儿的工夫，这些人开始窃窃私语起来。

写完了信，刘半农有些累了，便躺在床上休息，这时刘天华见哥哥一副完全不在意的样子，很是焦急，推醒正在小憩的刘半农，说道：“大家都说是咱们兄弟偷了假发，你怎么还睡的这么安稳？”

刘半农性情坦荡、随意，为人光明磊落，自己没有偷东西，也并不把这些事放在心上，于是回道：“岂有此理？不必理会他们。”

刘天华说：“这怎么行？他们说的好像证据确凿的样子，我们怎么能这样稀里糊涂地毁了名誉？”

听闻此言，刘半农坐了起来，终于开始认真对待此事，便问刘天华：“他们都说了什么证据？”

刘天华便将众人猜测的说辞复述一遍：储藏室外人不能进来，一定是剧社内的人偷盗的，而对储藏室的情况最了解的，除了仓库管理员小唐就是刘半农，况且刘半农还住在这里，一定是他偷盗出来，再由他的弟弟刘天华偷运出去卖掉。

甚至有人仔细考究：刘半农写信，刘天华的到来，甚至是假发丢失由刘天华发现，这种种举动都是为了偷盗行方便，或是为了掩盖偷盗的行为。

刘天华听到众人这样诬陷自己和哥哥，自然气愤，一定要哥哥认真调查此事，刘半农便应了下来，刘天华听哥哥答应，便先行回去了。

他走后不久，管理储藏室的小唐走了进来，小唐对刘半农说：“昨天我整理储藏室的时候，假发还好好地在盒子里，谁知道今天就不见了。刚刚社长说要我赔，我哪里有那么多钱赔呢？你想想看……”

刘半农听小唐的言外之意，分明是在指责他偷了假发，这也坚定了刘半农调查此事的决心。

分析众人说的话，刘半农觉得也有几分道理：既然储藏室没有外人可以进来，那么一定是剧社里的人偷的，回想起早上的光景，只有在 8 时左右他出去散步没有锁门，可以断定来人只有在这个时间可以进来偷盗。东西偷到之后，一定会立即拿出剧社转手卖掉，这样才不会被人发现，露出马脚；而买赃物的人应该是新近开张的剧社。

心细如尘、思维缜密的刘半农理顺了思路，便开始从“赃物”开始查找。

带着振奋的心情，刘半农走出剧社，恰巧有几个社员回来，其中一位姓童的男子说刚从城隍庙得意楼喝茶回来，刘半农便与他攀谈了几句，没想到这几句闲聊却得到了一条线索。

原来，在假发丢失的时候，大家都在帮忙寻找，有位姓方的男子恰在此时约童某出去。童某本来打算帮忙找假发，却被方某拉了出去，方某人的行为的确是有些古怪的。

刘半农便与方某攀谈，看到他的帽子是新的，便问起帽子何时买的，方某回答：“今日新买的，花了一元二角。”刘半农以观看为由，将帽子借过来看，却发现帽子虽然很新，里面却注有标记，显然不是全新的帽子。这引起了刘半农的怀疑。

为了能尽快找到假发的线索，告别了方某的刘半农不得不典当自己的戒指和弟弟的手表，雇了一辆黄包车将街上所有的剧社跑了一遍，遗憾的是没有收获。

走到惠芳茶楼的时候，他坐下来歇脚，却无意中听到一个人说花了 120 元买了一顶假发，并要在今天晚上看货，而兜售假发的人姓金。

听到这个消息，刘半农喜出望外，他开始回想剧社中有哪个人认识姓金的：或许之前可疑的方某认识姓金的人？

非常时刻，刘半农记札记的习惯大派用场，他翻看札记，里面的确记载方某有个朋友姓金，并且常常被方某指使做一些不太光彩的事情。

从这些线索可以判断，当晚要验货的假发，必定是剧社丢失的那一顶。如此想来，方某在假发丢失时拉着童某去吃茶，一定是借机将赃物带出门去；而方某那顶内衬带有标记的帽子，也是为了转移赃物而借来的掩饰物，如此说来，赃物很有可能还在方某家中。

推测出这些，刘半农便明白了事情的大概，剩下的就是如何让方某将赃物交出了。

刘半农摸清了方某的想法，便费了一番功夫想出了计策，最后终于带着剧社社长一起将方某与假发一并带回了剧社，证实了他自己和弟弟的清白。

这件事情给刘半农带来很大震撼，但也为他的小说提供了重要素材。一年之后，他将这个真实的事件描摹成小说，名为《假发》，在《小说月报》上发表了。此番波折的正“不盗”之名之举，亦能为他本人在文学之路上供给些许动力，倒也是塞翁失马，焉知非福了。

活跃文坛，小说新秀

刘半农在开明剧社工作的日子，并不见得是舒心的，但这对他而言，是在上海生活的开始，是一种与以往截然不同的生活体验。这种体验，在 1913 年春天结束，缘由是：开明剧社终因经营不景气而关门。

开明剧社关闭，也就意味着刘半农失业了，幸而他有好文笔和在开明剧社时期结识的朋友，故而在徐半梅的推荐下，他进入了中华书局，在编辑部担任编译员。

工作之余，刘半农仍旧笔耕不辍，继续拟写小说投稿，一方面是自己兴趣在此，一方面是为了多挣得一点稿费，以继生活。

他文笔极佳，小说内容充实，很有思想，创作的小说也渐有佳绩。他的一篇揭露张勋镇压“二次革命”的小说《秋声》，在徐半梅主编的《时事新报》中，荣获已经悬赏第三十三次的“一等奖”，虽仅有百字，却思想深刻，发人深思。

这次奖项的获得，不仅是对刘半农创作的小说的表彰，也是对他写作的一种认可，自此，刘半农才确定：自己大概可以在上海继续待下去。

打这以后，刘半农便觉得找到了自己前进的道路与方向，开始在小说界奋勇前行。他的小说多取材于身边真实发生的事件，读起来内容丰富，生动有趣，很受欢迎，而这一点也成了刘半农作品的特色。

1913 年夏，刘半农将在回乡避暑期间的见闻，写成了一篇侦探小说《匕首》，投稿给由“新鸳鸯蝴蝶派”主笔的《中华小说界》，并获得良好反响。此后，刘半农走入了“新鸳鸯蝴蝶派”的阵营。

迎合了大众口味而兴起的“新鸳鸯蝴蝶派”，融合了很多种小说题材，包括缠绵悱恻的言情小说、扑朔迷离的侦探小说、金戈铁马的武侠小说、诡秘猎奇的社会小说等，这类小说虽然一直被文学界所诟病，但却非常受市民的喜爱。《中华小说界》正是这个流派的主要刊物，在 1914 年 1 月创刊。这个文学流派的领军人物包括包天笑、徐枕亚、张恨水等人，他们也是这个刊物的主要作者。

在与“新鸳鸯蝴蝶派”有了首次接触之后，刘半农发现了这个新的阵地，便陆续投稿翻译小说《黑行囊》、《顽童日记》、《洋迷小影》等，仅1914年一年之内，他就在该刊物上刊登了9篇翻译作品，获得了不菲的成绩。

在与“新鸳鸯蝴蝶派”的主要作家接触之后，他又在1914年底与“新鸳鸯蝴蝶派”的另一重要刊物《礼拜六》有了第一次碰撞。

为了迎合大众读者的口味，刘半农也像其他“新鸳鸯蝴蝶派”的作者一样，给自己起了几个非常俗艳的笔名：寒星、半侬、翻瑞奴等，渐渐地，“半侬”这个笔名出现的频率越来越高。

《礼拜六》是在当时有着非常高知名度的刊物，非常受上海民众的欢迎，销售相当火爆。刘半农本身悟性极高、文笔又好，很快就摸清了读者的兴趣所在，他投稿给《礼拜六》的第一篇翻译小说叫《奉赠一元》。这篇小说，在当时很受欢迎，也让他快速跃入读者的视野，成为当时的“小说新秀”，拥有了一批忠实的受众。

此时，“新鸳鸯蝴蝶派”还有《小说月报》、《时事新报》、《小说海》等刊物，都是非常受市民喜爱的，彼时的刘半农已算融入其中了。

1915年2月27日，当刘半农正奋笔疾书，准备再创一番佳绩之时，家乡传来了噩耗：父亲刘宝珊去世了。听此消息，刘半农匆匆离开上海，携妻子与弟弟一同回乡奔丧。

多年远离家乡，未曾在父亲身边尽孝，刘半农心中愧疚不已，悲伤在心中蔓延，思绪万千，然而好男儿志在四方，自古忠孝难以两全，这也成了刘半农心中的遗憾。

悲伤之中，刘半农和弟弟将父亲葬在了家乡江阴西门外青山，让家乡的青山绿水继续陪伴父亲，而离乡的游子为了生活和理想只能远赴他乡。

办理完父亲的丧事之后，刘半农携带妻儿再次踏上回返上海的路程，追寻梦想。他的弟弟刘天华则留在家乡，在母校常州中学堂担任老师。

1915年，是悲伤的一年，也是令人高兴的一年。这一年，刘半农的父亲去世了；也恰是这一年，他的名字在小说界声名鹊起。

勤奋加上天赋，让他在这一年产量颇丰，他在《中华小说界》上发表了创作小说《影》、《未完工》、《我矛我盾》等4篇，翻译小说《福尔摩斯人失败》、《战后》、《谈娥》、《诛心》等14篇，几乎所有看小说的人都知道“半侬”这个名字，也有越来越多的刊物向刘半农约稿。

此时的刘半农，完全可以用稿费来维持一家人的生计，越来越多的杂志开始向他伸出橄榄枝，就连在当时非常有名的小说家、报刊人严独鹤都开始向他约稿。

多年的努力，终于换来了一点成就，这对刘半农来说是一种安慰，至少在“文”与“武”之间，他有一项是擅长的，甚至可以有一点欣慰的成绩。

刘半农创作的小说常常会将家乡的元素融入其中，有一篇小说名为《吃河豚》，是以家乡吃河豚的习俗为原型。河豚有毒，一般地方的人是不敢食用的，偏偏江阴人胆子大，敢食用河豚，并且做出美味的菜肴，因此也很有名。鲁迅曾经同刘半农开玩笑，说他是“吃河豚地方的人”，而刘半农这种开朗活泼、无拘无束、天不怕地不怕的性格，也恰是江阴人的典型。

在《中华小说界》投稿的几年中，刘半农也陆续认识了很多人，在与各位作者笔端交流的过程中，更建立了深厚的友谊。

一批拥有共同梦想和志向的人聚在一起，为了共同的事业而努力，是多么充实而幸福。1916年，刘半农同“新鸳鸯蝴蝶派”的伙伴周瘦、程小青、严独鹤、陈小蝶、渔火、陈蝶仙等10人，共同翻译英国作家柯南道尔的侦探小说《福尔摩斯大失败》，他负责其中的四、五两案，并担任全书的校对工作。

在这些工作中，他总能从翻译的小说中挖掘出自己的感想，他并没有把翻译看成简单的工作，而是能从中获得乐趣的大事业。在翻译柯南道尔的侦探小说之时，他觉得这部小说虽然不是侦探学的教科书，却可以当作辅助教材，极具学习意义。

正是因他对这些作品的喜爱和独特的用心，才使得他的翻译不仅仅是语言的转换，还掺杂个人的情愫。在翻译高尔基的小说《二十六人》时，他非常同情被资本家压榨的26个面包房的工人，对他们的境遇感到忧心，甚至开始联想到中国人的境遇。

此时，他开始脱离“新鸳鸯蝴蝶派”才子佳人浓情爱恋的藩篱，关注涉及民生的社会问题，也开始考虑“拯救”的问题。

声名鹊起，文坛魁首

历史的脚步在前进，在变革，也在发展。1915年，对刘半农来说是特殊的一年，父亲去世，事业有成，悲喜交加。

在《礼拜六》、《中华小说界》等杂志上获得民众的欢迎，融入“新鸳鸯蝴蝶派”，让刘半农在短时间内获得了小说界的认可，也获得了上海的认可。他勤奋向学，笔耕不辍，是为了梦想，也是为了生活。

“新鸳鸯蝴蝶派”之于刘半农，正如它的名字一样，是梦起的地方，却不是梦的终点。1916年，再次出现了一个改变刘半农人生方向的人——陈独秀。

陈独秀，在刘半农的人生中有着特殊的意义，他像星星之火，点燃了潜藏在刘半农内心的革命种子，将其拉出了“新鸳鸯蝴蝶派”风花雪月、你侬我侬的小圈子，令其开始站在一个新的视角、新的高度去审视这个大千世界。

作为早期的革命先驱、新文化运动的倡导者，陈独秀对国家的弊病认识得更深刻。在孙中山领导的二次革命失败之后，陈独秀的革命热情深受打击，他清楚地认识到，在中国想要通过发动政治革命来挽救国家已经无法实现，于是转而开始发起“思想革命”。

1915 年 9 月时，陈独秀整装出发，重拾革命的热情，成为发动新文化运动的先驱之一，并创立了《青年杂志》作为思想斗争的阵地，希望以此唤醒更多的知识青年，发动变革，拯救国民。

在经历了因与上海青年会的会刊重名而被迫的短暂停刊之后，《青年杂志》于 1916 年，以全年的面貌——《新青年》重新闯入文学阵地，进入人们的视野。

复刊之后，陈独秀带着自己对革命的使命和重任开始招兵买马，招揽贤才，刘半农在上海文坛活跃多年，声名远播，自然也在陈独秀首要邀请的作家之列，自此，他开始进入文学革新的阵营。

是年 10 月，在陈独秀的影响下，刘半农与《新青年》有了第一次触碰，他将自己的一篇关于鼓吹资产阶级革命的文章——名叫《灵霞馆笔记·爱尔兰爱国诗人》发给了《新青年》编辑部，文章在《新青年》的第二卷第二期上发表，获得不错的反响，这也振奋了刘半农拟写革命题材文章的热情。

这次投稿，不仅是刘半农脱离“新鸳鸯蝴蝶派”的开始，也是他与革命题材文学，以及老革命党人陈独秀的首次往来，意义重大。

在刘半农的心中，革命之火未曾泯灭过，当初投笔从戎的热情依旧深埋在他的内心。他心中关于国家前途、命运的思考时时还在心口激荡；翻译外国小说所迸发的感触，依旧回荡在心间，这些思想的碰撞，更激发了他参与文学革命的热情和信心。

与陈独秀的结识，与《新青年》的邂逅，打开了他心灵的窗口，让这些激越澎湃的心绪有了宣泄的场所，有了奔走呼号的场地。

心与意的相知相通，令刘半农和陈独秀很快成为至交，刘半农也成了《新青年》文化阵营中不可或缺的一员大将，以致以后每期《新青年》刊载，陈独秀必约刘半农译稿。

如果说刘半农在“新鸳鸯蝴蝶派”的杂志投稿期间是为了生存，为了在上海安身立命，赚取稿费，获得声名，那么在《新青年》时期，则是为了理想和毕生的信仰，追求生活和精神的双重满足。

新的视野打开新的世界，刘半农的精神世界又上了一个层面，他的理想之门又打开了一层，以迎接全新的人生，同时，他的人生也迎来了一个新的生命——他的女儿刘育厚。

育厚的出生，让刘半农欢喜不已，却又嗟叹连连。喜的是自己成为父亲，嗟叹的是父亲多年的心愿终于实现，却终究没见上一面，甚至连儿媳怀孕的消息也未能听闻便与世长辞，遗憾不已。

1917年春节前夕，刘半农回到老家过年，顺便休养身体，人虽在江阴老家，心却不曾离开他关心的地方。在乡期间，他继续为《新青年》撰写稿件，与此同时，还同向恺然合作，共同翻译小说《丹犀血》、和成舍我共同翻译《日光杀人案》等作品，将外国的小说继续引入国内读者的视野。

此时的中国，人们的视野已经与世界接轨，开始注重西方和周边国家地区的文化。这些由刘半农与人共同翻译的小说，大部分故事性强一些，能够迅速得到市民和读者的认可和喜爱，故此，这样的作品也可以作为刘半农谋生的手段，但却不是他文学活动的全部。

1917 年，对当时中国的文学界来说，是不同寻常的一年。

元旦这天，胡适在陈独秀主办的《新青年》上发表了《文学改良刍议》一文，在文章中他主张“破除旧的文学规范，创造一种全新的文学面貌”。

这一论断的提出，引起了极大的反响，并且得到很多活跃在文坛的先进知识分子的支持和赞同。陈旧的文学形式和观念，早已经不适合时代的发展，以此为契机，文坛上掀起了一场关于“文学改良”的论争热潮，新文化运动也由此掀开了帷幕，形成主张新文化运动的革命派和守护文学旧制的保守派，由此，新文化运动的各大主将也纷纷登场。

是年年初，陈独秀受到时任北京大学校长蔡元培先生的邀请，担任北京大学文学学长，于是，他便带着他的《新青年》来到北京大学，新文化运动的浪潮也随之吹进了北京大学。借由《新青年》和北京大学的便利条件，新文化运动轰轰烈烈地开始了。

胡适在《文学改良刍议》中，曾提到了八点关于文学改良的主张，分别提到文章应该：

一曰，须言之有物。

二曰，不模仿古人。

三曰，须讲求文法。

四曰，不作无病之呻吟。

五曰，务去滥调套语。

六曰，不用典。

七曰，不讲对仗。

八曰，不避俗字俗语。

这些文学主张，去除了自汉唐以来流行的一些作文形式，将八股文改良成实用、简洁、贴近人们阅读习惯的白话文，新文化运动的中心思想便初见端倪。

作为文学改良运动的倡导者，陈独秀紧随胡适之后，在《新青年》上发表了题为《文学革命论》的文章，附议胡适的文学主张，并且提出了“三大主义”，也就是推倒雕琢的、阿谀的贵族文学，建设平易的、抒情的国民文学；推倒陈腐的、铺张的古典文学，建设新鲜的、立诚的写实文学；推倒迂晦的、艰涩的山林文学，建设明了的、通俗的社会文学。

陈独秀将胡适的观点具象化，将新文化运动的思想和文学改良的方向明确，理论先行。是时，其他各路主张文学改革的知识分子纷纷响应。

2月1日，刘半农在《新青年》发表了题为《灵霞馆笔记·阿尔萨斯之重光》，这同样是一篇翻译作品，但却首次向中国的国民介绍了资产阶级革命的歌曲《马赛曲》，关注革命的意义。随后，陈独秀又发表了鞭挞官吏奴才相的文章《我之爱国主义》，紧接着，刘半农发表短篇小说《奴才》与之相呼应，革命的浪潮此起彼伏。

文学理论既然已经提出，那么总要实践才能真正实现改良的目的。刘半农遂写信向陈独秀建议，在《新青年》上刊登白话小说、白话诗歌、白话散文、白话论文等，趁着理论提出的热潮，将“白话文”推演下去，而不是成为一纸空文。

与此同时，借助知名学者的影响力，请他们多做提倡改良文学的文字；允许各报转载关于白话文的文章，扩大白话文的影响力，并且开辟关于“文学研究”的专栏，让大家各抒己见，以收集和讨论众人的观点。

在刘半农的文学改良观中，认为改良文学是一个长期的事业，永久的学问，而反对自古以来便备受推崇的“孔教”，那只是文学改良暂时的需要。对于文学改良的问题，必然是与时代的发展齐头并进的，并不是一蹴而就的事业，因此也要兼容并包，容纳和吸取他人的意见。

刘半农对于文学革命的想法，与胡适不谋而合，却与陈独秀意见相左。

作为《新青年》杂志的重要作者之一，刘半农在此时已融入上海文学界，不再是剧社中遭人怀疑的小编剧，而成为上海文坛的一员文名不菲的有力干将！

文学改良，初试先声

文学改良运动在胡适、陈独秀等人的领导下，逐步形成了一定的理论观念，但是当时对于文学应该如何改良，每个人都有不同的想法，对于众人的观念，胡适是持包容的态度的。

胡适在写给陈独秀的书信中说道：我等已将革命之旗大张，虽然不可退缩，却不能以我等的思想主张为必然，而不去听取他人的意见。

陈独秀却不认同胡适的观点，对于文学改良之事，他不同意与旧派文学讨论而为之，并在《再答胡适之文学革命》一文中明确指出：必不容反对者有谈论的余地，必须要以新文化运动者的理论为圭臬，不许他人提出其他意见。

虽然持有不同的意见，但是文学改良运动却需要更多的人参与和认同，这样才能在文学界产生更大的影响，真正实现文学改革的意义。

为了推波助澜新文化运动，积极响应胡适、陈独秀等文学改良派们的号召，1917 年 5 月 1 日，刘半农发表了关于文学改良的文章——《我之文学改良观》，正式踏入了文学改良的阵营，成为“新文化运动”的积极分子。

针对当时各路文学改良先锋提出的文学改良的主张，在《我之文学改良观》这篇文章中，刘半农提出了自己的一些看法：胡适和陈独秀都极为推崇白话文，认为“白话”是正宗的文学，甚至钱玄同也认为白话文是一种文学的进步，但刘半农却认为白话文固然重要，可文言文仍有其可取之处。比如一些语句，用文言文一语就可以表明，而用白话文则需要两三句才能说明白。

刘半农对于古典文学有着很深厚的感情，他认为古人文章应该去其糟粕、留其精华，不应全盘否定。文言文的确有其呆板之处，却不能一概而论，且文言文转换成白话文的使用，并非一朝一夕即可完成，其是一个循序渐进的过程。

是时，还应该摆清楚文言文与白话文的位置，同时多方面寻求途径，一旦白话文具备了文言文的优势，那么自然而然就会取代文言文。

这一观点同蔡元培兼容并蓄的观点不谋而合，也给千百年来文学积淀下来的文言文留下一个公正的判决。

在文言文用典、用生僻字之处，刘半农很赞同应该扫除文章中因滥用典、用生僻字而产生的不通之处，但是对于像曹植、韩愈、欧阳修等人从性灵中而发挥出来的文章，气韵优美，则应该保留。

同样，在这篇文章中，刘半农还表达出了自己对于文学革命的拓展思考。他认为，文学改良应该增加多种诗体。中国古典的诗歌讲究的是对仗、用典、押韵，对诗歌要求也非常严格，诗律越严则导致诗体越少，诗歌受到的束缚便越多，而西方的诗歌却与中国的古典诗歌不同，西方的诗歌限制少，诗歌的体式就非常多，因此著名的诗歌和诗人也层出不穷。借由此，他提议增加多种诗体。

对于文学改良的其他方面，刘半农也与陈独秀、胡适、钱玄同等人有一些不同的看法。陈独秀主张在文学上的文字与应用文是相对应的，刘半农则认为这样对应并不妥当，他觉得无论何种学科都是文字的范畴，而不应该混为文学的范畴。

此外，有人认为，自造新词汇和外国名词的引入归功于个人，刘半农并不认同，他认为这种词汇的引入是一种自然的行为，是语言交融的必然，而不是一个人的贡献。见多识广、博闻强识的刘半农，此时已经注意到自造新词或者西方词汇的引入是一种文化、文学融合的现象，而非个人之力所能企及的。

文学改良运动的内容非常广泛，不仅包括文体、语言，甚至还包括了标点符号。中国文化的传统形式是“文不加点”，文言文通常是通篇都没有标点符号，而刘半农对于标点符号的使用却极为推崇与钟情。

刘半农在少年时期的那位国文老师刘步洲，便非常热衷于研究标点符号，并且还自己发明和设计了一些标点符号，以方便使用。这位老师也要求学生们了解和学习，刘半农受其影响颇深，对标点符号的使用也渐渐有了自己的见解。

他认为，目前被使用的顿号（、）不够用，应该增加一种；而对于常用的问号（？）却不太赞同。问号所表达的是疑问语气，而在以往所使用的文体中，都有表示疑问语气的助词，比如在文言文中有“欤、哉、乎、耶”等助词，而在新文化运动中推崇的白话文中，也有“么、呢”等表达疑问的助词，那么问号似乎就多此一举了。

刘半农的这篇关于文学改良的文章，在当时颇有影响，在刊登的同时，陈独秀还特地为其写了跋语，以表敬贺之意，同时也获得了新的思考。

虽然刘半农在文章中所表达的文学改良主张，与新文化运动的倡导者的文学主张存在差异，甚至有对立之处，但他勇于表达出自己的文学看法和文学思想的做法，却引起了文学运动倡导者的关注和思考，胡适、钱玄同两人也为他的这篇文章喝彩，并且从中获得了新的思考。

胡适甚至对他文中提到的某些文学改良主张非常赞同，比如他提出的“改用新韵”、“增多诗体”、“提高戏曲的地位”，胡适就认为可以采纳。对于他关于标点符号中“问号”的看法，钱玄同和胡适则不认为可行。

作为文学改良运动的支持者，刘半农最先发表了自己对于文学改良运动的见解，声援文化运动。初试先声，虽然他的观点未获得全部的认可，可他对于中国文学界革新运动的支持，作为一个知识分子对于文学界前景的思考，却深深鼓舞和影响了许多人，壮大了文学改良运动的声势，也是他从“新鸳鸯蝴蝶派”成长为一名文学运动革新者的标志之一。

除了在《新青年》上发表文章声援新文化运动，刘半农也在与文化运动先驱的交往之中大为震动，受到了启发和鼓舞。在反思新文学与旧文学的取舍之时，刘半农也终于认清自己将要行走的道路——追寻新文学。

为了表示彻底与旧文学决裂，他斟酌再三，决定抛弃以往媚俗香艳、为了迎合大众读者而起的笔名，并将笔名正式定为“半农”。

1918 年 1 月，他在《新青年》上发表《应用文之教授》之时，正式署名“半农”。鲁迅曾说的刘半农自此跳出了“新鸳鸯蝴蝶派”的旋涡，也正是从此开始。

是时，“刘半农”这个名字成为他后半生的正式名字。

中学肄业，北大教员

才情独厚，文体改良

《我之文学改良观》在《新青年》上的发表，获得了胡适、陈独秀等人的赞誉，这对于刘半农来说是一个非常大的鼓舞，根据多年从事文学工作的经验，刘半农开始深入思考文学改良的内容，首先从诗歌和小说开始。

1917 年 7 月 1 日，刘半农将他对诗歌和小说的改良思想，拟写成了一篇名为《诗歌与小说精神上之革新》的文章，在新一期的《新青年》上发表，表述了对于诗歌和小说改革的见解。

对于诗歌，刘半农有着独特的情愫，他推崇的是来自心灵的“真诗歌”，认为诗歌的本意是将思想中最“真”的一点，用自然的音律、节奏谱写出来，当然所表现的也是真实的感情。如果诗歌没有了这一点，那么诗歌也就失去了原来的韵味。

当时文学界之中，人们还按照以往诗歌的传统，追求诗歌的韵律、平仄，讲究引经据典，要求对仗工整，格律严谨，却很少有人去注重诗歌本身所表达的含义、所抒发的情感。如此，过分追求诗歌形式上的精巧和格式，就缺失了诗歌的灵魂，造成诗歌虽然有华美的空架子，却毫无韵味可言的结局。

刘半农认为，诗歌应该像嵇康、王勃等人所作的那样，具有一种独特的性灵，他非常推崇诗歌要表达诗人的心灵，抒发真情实感，是人的自然情感的流露这一观念，此与清朝时期袁枚提出的“性灵说”有异曲同工之妙。

当时，有一位名人做了一首长达250韵的诗歌，并以此津津乐道。刘半农听闻此事，对此非常不以为然，并评价说：据我看来，这首诗歌既不管字句通不通顺，也不管押韵是不是牵强，单从全诗的意义来看，就像一个老人已经死了，儿女们为他发了一封唁信；又像一个刚刚从城里回来的大姑娘，向周围的人显摆一样。

可见，刘半农对于“吊书袋”式的追求诗歌形式的做法，是非常厌恶的。

对于诗歌改革之路，刘半农也非常赞同胡适的见解。胡适认为，模仿古体的诗歌，即便做得再好，也还是像古文院中再添加几个逼真的赝品，而刘半农补充说，像这样的仿古诗歌，连古文院似乎都无法进得，只能弃掉。

他推崇西方善于表达人的真实情感的诗歌，胡适曾经在《新青年》上发表了一篇名为《他》的小诗，深得刘半农喜爱：

你心里爱他，莫说不爱他。

要看你爱他，且等人还他。

倘有人害他，你如何对他？

倘有人爱他，且如何对他？

诗歌中所表达的文字和内容浅显易懂，而且韵脚也颇为有趣，刘半农认为这是新诗革命建设韵文诗歌的一种表现。

诗歌崇尚“真性情”，那么小说呢？

对于小说，刘半农则主张：小说是社会教育的有力武器，能潜移默化影响人的思想观念，因此他更主张好好利用小说“转移世道人心”。他不看好那些为了“迎合市民读者需求”而创作出来的小说，或者是我们现在所称的“速食”小说，可以说，这也是对他曾经写过的“新鸳鸯蝴蝶派”小说的一种否定。

对于文学的态度，刘半农引入了美国当代文豪樊戴的观念，认为文学是一种神圣的科学，因此将其作为文学的准绳。可见，刘半农将文学给予了极高的定位，并认可了文学对社会变革、思想潮流的巨大影响。

为了更好地理解文学，理解小说，广泛听取不同人的见解，他曾向一位小说家请教关于“小说”的看法。

这位小说家表示，如果作文言小说，近则应该以《聊斋》为范本，远则应该以《史记》、《汉书》为蓝本；如果要做白话小说，则应该取法于《红楼梦》。如果想要表现“瘦硬”，那么应效法《水浒传》。但是，《红楼梦》又是从一些杂辛秘事类的小说演变而来，《水浒传》又效似“飞燕外传”之类的小说，所以说，小说还是逃脱不了古文，如果没有古文，也就没有小说。

请教完小说的形式，他又向一位出版家请教关于小说中的“情”的看法。

这位出版家不赞同古文形式上的文字雕琢，他比较注重小说本身的内容、情节和叙事的节奏。他说：小说离奇的情节才是根骨，就好比是一个深藏不露的葫芦，在最后打破才为上乘，如果一味在古文上进行雕琢，细细想来，那有什么趣味呢？

这两位专家对于小说的形式、情节都有独特的见解，对刘半农小说改革的启发很大。综合多方观点加诸自已的考虑，他提出了自己对小说改革的想法。

他认为，应该根据真理来确立小说的主旨，创造一个全新的理想世界。纵观古今中外的各类优秀的小说，有很多都是凸显了这个主题，并且有很多著作可以证明这一点，比如英国的小说家笛福的《鲁滨孙漂流记》，所表现的是主人公在荒岛上的生存状况，那么探讨的就是人类在脱离了旧有的社会之后，还能否独立生活的问题；俄国著名的文豪托尔斯泰的社会小说，所表达的也是关于建立理想世界的主题。

此外，还有王尔德的小说所表现的关于寻求“永远甜蜜”的世界，左拉的小说关于寻找“忠厚善良”的新世界，甚至包括《水浒传》中所表现的“梁山”上的新社会状况等，所设立的主题均是“破旧迎新”的概念。

那么，这种类型的小说，恰恰也符合文学改革追求“破旧立新”的理念，也正是文学所应该表现的一种向上的社会引导作用。因此，刘半农非常欣赏这种类型的小说，也赞同这样的写小说的理念。

再则，小说应该描述我们所看到的世界。这个观点可以归纳为现实主义小说，比如像曹雪芹写的《红楼梦》、吴趼人写的《二十年目睹之怪现状》、李伯元写的《官场现形记》，或者是英国的狄更斯，法国的莫泊桑，美国的欧·亨利、马克·吐温等。这些作家所研究和表达的，是现实世界中存在的现象或者问题，同样也彰显出了文学的魅力和功用。

对于志怪小说、侠义小说、侦探小说、秘密小说、科学小说之类脱离现实的，刘半农则极不推崇，也不喜欢，而之中尤其不喜欢的要数俞仲华的《荡寇志》。俞仲华将宋江等人称作“流寇”，此篇小说也是描述绞杀梁山英雄的故事。大概是对于英雄的珍惜，刘半农内心的侠义气概显露出来，所以不能赞同俞仲华对梁山英雄的定位。

文学改良运动，已经从开始的理论基础，蔓延到小说、诗歌、散文、戏剧等领域，激进的改良分子也在如火如荼地进行着创作，探讨着文学改良的方向，一步一步确定着改良运动的步伐。

恰在此时，受北京大学校长蔡元培的邀请，担任北京大学学长的陈独秀向刘半农发出了一封邀请函，刘半农的人生从此再次发生转折和改变。

新文化运动的阵地，也随着文学改良运动的领导者而完全转移到北京，北京大学成为文化改良领导者的聚集地，《新青年》也随着陈独秀来到北京，在北京落地生根——一个全新的局面正在形成……

肄业之名，受聘北大

1917 年，是刘半农人生的转折年。

时势造就人才。在上海闯荡的 5 年间，刘半农接触到了与家乡完全不同的环境，这为他提供了更为自由的天地，更为宽阔的视野。在别人看来，叛逆、不合时宜的思想，在上海这个包容的城市却得到认同，也为他拓展了更多实现梦想和自由发展的空间。

20 世纪前 50 年的中国，像一个成长中的孩子，接受中西方文化的洗礼，在跌跌撞撞中变革、成长、前进。在这样一个弃旧革新的年代，城市作为先进思想文化的载体，发挥着重要的作用，上海尤为典型。

当时的上海，不仅是先进的文化与思想交流的重要阵地，还是繁华的经济中心，中西方的文化、艺术、财富都在这里汇集、融合，因此也产生了最先进的思想体征，吸引着众多有梦想的青年来到这里，刘半农就是其中之一。

带着对未来生活的憧憬，对新事物的渴望，刘半农来到了上海，并且完成了他从一个学生到一个时代拓荒者的转变。

5 年文化阵地的磨炼，刘半农就像一块干涸的海绵，不断地吸收知识，拓展自己的见识，在新文化阵地中崭露头角，同时也在积累，积累生活的阅历，积累对世界的看法。

风雨如晦，岁月如歌。在这样平静如水的岁月中，一点一滴感受着内心在新文化的洗礼中的一次次悸动，体会着时代的变迁，积蓄着力量，期待着破茧成蝶的一天。

1917 年，刘半农 27 岁，虽然在上海已经开创了一片小小的天地，但未来的道路却还不甚明朗。也同样是这一年，刘半农因病返回老家江阴休养，重新回到成长的地方，他一边在家中赋闲，一边沉淀岁月，思考着人生的道路。

生活在动荡和变迁的年代中，父辈平凡而安逸的生活之路显然并不能满足一个先进知识分子的追求，在如此尚好的年华，刘半农像当时的许多有志之士一样，把一整颗心都牵系在国家的安危上，心心念念都是如何用自己手中的那一支笔写出撼动人心的文字，感动国人，激励国人，走出落后，突破革新。况且，在上海，他凭借一支笔所走出的道路才刚刚开始，对于文学改良运动的诸多想法初有雏形，还未来得及去实践、去发扬。

此时，革命的浪潮涌现，但凡有一点责任感和爱国热忱的知识青年，都主动肩负起一份社会责任，希望在这样的动荡社会中呐喊出一种力量和声音，划破这世界的混沌，而他，也不再是独立的一个他，而是与众多有着同样梦想的青年成为划破旧时代的一把利刃；也不再是芸芸众生中随波逐流的他，而是逆流而上的勇者！

徜徉在思想的世界中，他觉得充实而满足，然而现实却并不尽如人意。回归到“柴米油盐”的俗事中，思想的巨人也变成了现实的矮子。

离开了可以谋生的上海回到家乡，虽然解了乡愁，却让他陷入了生存的窘境。失去了在上海的工作，他的收入变得不稳定，没有了稿费的收入，生活也向他亮出了残酷的一面。为了解决温饱问题，他只好将家中的旧物变卖，以度过这段困难时期。

生活的窘迫，只是人生旅途中的一种经历，刘半农年少时，也同样经历过这种境遇。彼时，刘半农的父亲刘宝珊初办学堂，家境困顿，常常让还是小孩子的刘半农饿肚子，此时情景再现，刘半农也不过是觉得再次回到小时候的生活境况，不会自怨自艾。

艰难困苦是一种磨砺，经历过的人会变得更加坚强、豁达。然而他没想到，这困苦其实也在悄悄酝酿一种意外的幸福，一封来自北京大学的聘书解了刘半农的燃眉之急，也改变了他的命运轨迹。

这封承载着刘半农命运的聘书是北京大学发来的，发出者正是时任北京大学的校长蔡元培，内容是正式聘请他到北京大学担任国文教员。

中学肄业，连正式的中学文凭都没有，居然迎来最高学府的聘任书，刘半农自己都觉得难以置信，甚至不知道缘何有这样的荣幸，然而生活就是这样不可预测，看起来是偶然，其实与他的努力和自身的才华是密不可分的。

刘半农少年时期就崭露惊人的才华，接受中西方教育，拜师于史学名家，又爱好阅读，博览群书，有自己独到的想法和见解，此所谓“腹有诗书气自华”，虽然求学途中退学，却并不能掩盖他自身的才华。加之他在上海漂泊期间，在文学运动中所展露的才华，已经被当时颇有名气的陈独秀、胡适等认可，这一切都成了北京大学向他伸出橄榄枝的缘由。

对于这封聘书，当事人刘半农在震惊之余，冷静思考之后就知道了它的由来。他清楚地记的在上海期间，他与《新青年》的主编陈独秀曾有过一次难忘的会面，陈独秀对他的赞许溢于言表，料想这封聘书一定是那次会面的结果。

当时的刘半农在小说界已颇有名气，他对于小说革新的看法新颖、独到，并还能自己写小说来为自己的理论和言辞做例证，常常下笔千言而大快人心，可见其文学造诣。想来当时陈独秀就看中了他的才华和对新事物思索过程中的独到见解，如此锋芒，让陈独秀对其欣赏有加。

后来，鲁迅也曾提到过：刘半农到北京大学任教，很大原因是与陈独秀的推荐有关。当时，陈独秀已经先一步接受时任北京大学校长蔡元培的邀请，到北京大学担任教授，而陈独秀对刘半农的能力和学识也比较了解，觉得他恰好是北京大学这种高等学府所需要的人才，加之蔡元培惜才爱才，对人才的要求“不拘一格”，故而在陈独秀的大力推荐之下，就有了那封改变刘半农命运的聘书。

这封聘书，仿佛是带领刘半农走向新生活的钥匙，为他开启了一条通往更光明、更宽阔的世界之门。从此，刘半农的生活也发生了翻天巨变。

北京大学，是培养国之栋梁的摇篮，全国大部分的精英人才汇集于此；同时它也是新文化运动最为活跃的阵地之一，很多新文化运动的干将齐聚一堂，陈独秀、钱玄同、胡适等都在这里执教育人，此处也形成了一个文化斗争和追寻的氛围。

跨入了享有盛誉的高等学府，成为“传道、授业、解惑”的预科班国文教师，这是对刘半农自身才学的肯定，也为他提供了继续深造、学习的平台，这是一份幸运，也是一份机遇。

在北京大学，他可以耳濡目染，接触到最先进的思想，还有他《新青年》战线上的挚友，可谓“谈笑有鸿儒，往来无白丁”。在此，他可以尽情地挥洒他的青春，创造他的梦想。

1917 年的初秋刚刚来临之际，刘半农收拾行装，满载着家人的祝福和对新生活的期望，踏上了北上的旅程，开始了一段全新的生活。

难弃重任，探索新诗

带着对新生活的憧憬，刘半农走进载满荣誉和梦想的北京大学，望着未名湖的波光和塔影，他内心是喜悦的。对于新的生活，人们往往都会怀有兴奋之情、向往之心，刘半农也不例外，北京大学的生活也并没有让他失望。

古语有云：千里马常有，而伯乐不常有。当时的北京大学校长蔡元培，恰是众多新青年的“伯乐”，他用“兼容并包”的思想，张开宽广的胸怀，迎接新的雏燕的到来。

其时，刘半农与李大钊、胡适等人几乎同一时期成为北京大学的教师，恰恰也是这些融汇中西文化的青年，让北京大学形成了浓厚的学术探索氛围，掀起新的文化风尚。进入北京大学，刘半农宛如是一只离群的孤雁，终于找到了给他温暖和爱护的雁群。

在蔡元培执掌的北京大学里，既有能教“之乎者也”和八股文的旧体制学者，也有喝了“洋墨水”后归来的新力量，所以北京大学是一个新旧文化交融和碰撞的地方。

吸纳了新思想、新文化的新生力量，包括胡适、鲁迅、钱玄同等人，他们中的一部分人曾留学日本、英、法等地，接触了当时西方的新鲜事物，带着满腔“破旧迎新”的热情回到祖国，希望能将异国的新思想用在祖国的发展上，推动时代的浪潮，成就一番事业。

因此，这些新鲜血液的加入，为北京大学注入了活力和动力，打破了原来旧体制的校园世界，掀起了滔天的巨浪。

旧体制与新思想在这里撞击、融合，不断产生新的思想火花，并重新不断地发生变革，继而创造出了新的文学风尚。自此，北京大学也不断融合了中西方的文化，持续涌现出新事物，比如白话诗歌、白话散文等，继而掀起了文化界的新风。

在上海历练多年，徜徉于新思想的浪潮中，刘半农很快融入北京大学那浓浓的学术氛围和新的思想火花中，很快找到了自己的位置——他加入了探索新诗歌、散文体式的阵营之中。

在那个动荡的年代，在那个思想出现断层、文化亟待创新的时代，刘半农像当时的许多青年一样，凭借自己的经验和对外界事物的思考摸索着前方的道路，弥补着曾经缺失的遗憾，努力变革，努力创造新世界，并以尚算年轻的臂膀肩负起“打破旧思想，创造新世界”的重任。

不在沉默中爆发，就在沉默中灭亡，反正不会是默默无闻，刘半农恰是这样豪爽倔强的性子。在一个领域游刃有余，发现没有新的突破，不甘寂寞的人会选择开辟新道路，进行新探索，“穷则思变”，正是这个道理。

刘半农曾在多种杂志、期刊上发表自行创作的小说，且很受读者喜爱，不少杂志向他约稿。在当时颇有影响的《新青年》杂志上，他可以当之无愧地被封为“主将”，然仅仅在《新青年》上刊登著作，探讨变革、探讨现状、探讨小说的发展、创作小说，似乎已无法满足眼下“贪婪”的他，他期待改变，期待在更多新领域中一枝独秀。他渴望在《新青年》的阵地之外，拓展一片更广阔的天空。

加入白话新诗探索的队伍，这是刘半农再次探索的开端。

当时的北京大学，有一个由俞平伯、胡适、沈尹默、陈衡哲、周启明等北京大学教师创建的白话诗社，专门探索诗歌的新题材、新体式。传统的诗歌就像旧王府的规矩一样，限制的条件多如牛毛，既要讲究格律，起承转合，还要押韵，且注重文辞之“雅”和典故的运用。为了迁就这些规矩，会出现华丽的辞藻堆砌，或者繁复的典故罗列，做出来的诗歌常常会让人有“华而不实、空洞无物、不知所云”的感觉，如果文化常识稍稍欠缺的人，很难读懂，因此诗歌也就会被束之高阁，脱离了生活和大众，成为小众的专属。

白话诗社所提倡的新诗，恰是把束之高阁的诗歌还给人民群众。白话新诗是参照西方的诗歌形式，把诗歌从这些条条框框的规矩之中解放出来，让原本“来源于生活”的诗歌，更加贴近于人们的生活，突出口语化、白话，注重自然的格律，甚至变“雅”为“俗”，将生活中的口语或事物加入诗歌之中，读起来不再拗口，更容易阅读和理解。

基于在上海参加文学改良时期对诗歌改良的探索，此时身在北京大学的刘半农，对白话诗歌并不陌生，并且还有一定的理论基础作为经验，故而他很积极地进入白话诗社，意欲将这些理论付诸实践。

在新诗探索时期，刘半农创作了一首名叫《相隔一层纸》的白话诗：

屋子里拢着炉火，
老爷吩咐开窗买水果，
说："天气不冷火太热，
别任它烤坏了我。"
屋子外躺着一个叫花子，
咬紧了牙齿对着北风喊"要死"！
可怜屋里与屋外，
相隔只有一层薄纸！

在诗歌中，他把"老爷"、"吩咐"、"叫花子"、"要死"等词汇都带入了诗歌之中，如果按照传统诗歌的要求来看这首所谓的诗，简直是不成体统的，甚至有些不伦不类。然这首诗歌却开创了一个新诗的时代，这是一种尝试、一种探索，更是一种推陈出新的勇气。

刘半农曾经在《我之文学改良观》一文中，提出对于新诗改良的看法，这首诗歌也恰是他对于诗歌改良理论的实践运用，文虽短小，意义重大。

白话入诗，刘半农大胆地尝试了一下把高高在上的诗歌拉下神坛，贴近普通人的滋味，不难发现，白话词汇的运用会让诗歌更加具象化，通过简单几个词就可生动地描绘出一个画面，简单、直接。

刘半农在创作这首诗歌的时候，尝试之心大过炫耀之情，但这首诗却像投入平静湖面中的一颗石子，霎时引起了强烈的反响，掀起了白话诗歌的创作热潮。

青年“台柱”，写作“新”河

在北京大学担任讲师之后，刘半农的生活节奏也日渐平稳下来。妻女都留在江阴老家，因此他的生活压力也相对较轻，不必再像在上海时期一样努力写作投稿，且多半是出于对生计的考虑。

未带家眷来京，他便借住在了教员休息室后面的一间屋子里。他喜欢有山有水的地方，闲暇之余总喜欢在学校里的湖边散步，思索杂事。

在北京大学的工作，较在上海时期的工作轻松许多。彼时，他担任预科一年级丙班的国文教员，还兼任理科预科一年级丁班的国文教员和三年级乙班的小说教员。乍看起来，工作也较多，并不轻松，可实际上，只有周一到周五的上午上课，每天两节，一周下来也仅有 10 节课而已。

教师工作对刘半农来说并不陌生，他在上海实业学校和中华铁路学校都担任过教员。那是 1916 年的秋天，他就职的中华书局发生财政危机，他不得不辞去职务，他处谋生。

为了维持生计，刘半农应聘了两所学校的教员工作，上海实业学校便是现在的上海交通大学的前身，中华铁路学校则是一所职业学校，他负责教授的是国文和英语。在这一时期，他每周要上 18 节课，常常是第一节教国文，讲授“子曰”，下一节就要讲“ABCD”，很是疲累，可所获的薪资却很低，故此他不得不在教书的同时照旧跑报社、做翻译、写小说、投稿件，另外再赚一些稿费。

在旁人看来，在学校中教书的工作非常清闲，且地位颇高，刘半农对此不敢苟同。学校对于教学内容、形式的规定非常多，他不能完全按照自己的想法来教导学生，因此在上海担任教员这一时期，他只是将其当作一份糊口的工作。他觉得，担任教员和其他为了生计奔波、辛劳、到处求人的其他工作并没有太大的区别，仅仅是职业区别而已。

然在北京大学担任教员，却与以往的所有经历都截然不同。北京大学在蔡元培“兼容并蓄、不拘一格”理念的带领下，学术氛围格外自由、多元，教课的内容完全由任课老师自己来设定，这让刘半农有了充分发挥所长的空间，他可根据自己的想法来安排课程，加之平日的时间也充裕，故而在这里的工作，让其倍感舒心。

尔时，根据同僚钱玄同的建议，在与陈独秀沟通之后，刘半农确定了自己教学的主旨和方向。他认为，北京大学的学生以后不一定从事文学工作，也未必会做文学家，所以讲课的内容应该定位在应用文上。毕竟无论从事何种工作，应用文都非常实用。抱定这个想法，刘半农在北京大学的教学生涯随即开始了，

刘半农虽然中学肄业，但因自幼爱学、善学，故而博览群书，他凭借过硬的文学知识功底和写作经验，使得教学课程一点也难不倒他。

在教学过程中，他不追求高远的目标，也不看中派别，只要求学生们能够在短期之内看通应该看的，以及日后的职业中需要看的

书。简单地说，就是能看懂和使用在职业生涯和现实生活中应用到的文章，这就算达到了教学的目的。

多年的写作经验，让他的写作课也与众不同。他擅长写作，常是一日可写千余字，因而在写作上颇有心得，他将心得归纳出要点，在写作课中讲授给学生们。

这些要点包括如何分析题目、如何确定通篇的主题思想、如何行文、如何用字等，这些对于懵懂的学生而言，都是非常实用的方式。同时，他还要求学生们写文章要确立通篇的思路，不要想一句写一句，文章还要有独立的思想，切勿人云亦云。

他更将白话文改革的思想融入写作课程教授之中。比如写作要注意思想，不要像做八股文一样，太过讲究形式、用典；文章要用白话，不要用古文，不用生僻的用词和文字。

传授完这些必要的写作理论，在实践写作之时，刘半农也有自己的独特之法。

以往的国文先生，对于学生的文章逐字批改，或圈出不当之处。经先生批改的文章，往往会“体无完肤”，甚至最后还会被加上一个“不通”的评语。刘半农深知这种批改方式对学生助益不深，他采取的方式是：在学生的文章完成之后，会对每个学生的习作进行两次修改，第一次是初步修改，圈出不当之处，给出意见，由学生自己修改，重新书写之后再进行第二次修改。若其有不理解之处，还可同老师探讨。

此种“刘氏”教学法，对学生们极有助益，他的课也非常受学生们的欢迎，甚至有很多老师也跃跃欲试，想尝试写作白话文。

良好的教学成果，也让刘半农对应用文的教学和应用有了更完善的认识。1918 年，他在《新青年》4 卷 1 期上发表了一篇名为《应用文之教授》的文章，将自己在教学和实践中的一些关于应用文改革及教学方面的心得表述出来，此可算作是他写作课程的一篇理论论述。

教学内容是自己掌握的，且又是自己非常熟悉的方面，这让其在北京大学的工作游刃有余。在教学之余，他还将精力投入诗歌、小说、文典、语典编撰等方面，向着更专业的文学研究领域发展。不仅仅如此，他还参加了由北京大学研究所发起的演讲活动，演讲的内容可以是文学、哲学和英文，同僚们纷纷就自己想表达的观点拟定题目，刘半农也继续在改良小说方面精耕细作。

轻松的工作环境，让此时的刘半农感到万分惬意。秋季的傍晚，刘半农常常邀上一两位友人在北京大学附近的一条河边散步，探讨一下近期关于“革命”的感想，或是生活中的烦恼。他与胡适出行的机会更多一些，因两个人年纪相仿，亦都未曾携带家眷来北京，皆单身一人居住，且又志趣相投，结伴而行便是常态了。

北京的秋天有些萧索，北京大学附近的那条河在见惯南方青山秀水的刘半农眼中也并不见得多稀奇，却没想到走遍了北京城，也再未能找到比这更大的河了。喜水的刘半农，自此才发现这条河的独一无二之处，故而这里也成了他时常光顾之地。

刘半农在北京的生活充实、丰富，时常还有友人来信和到访。通信是刘半农很喜欢的交流方式，他常会因为与友人沟通交流而有新的感悟。

一次，在与钱玄同的信件交流中，两人谈起文学改革之事，深切感念到发生在自己身上的转变。起初，刘半农也是旧文学中的一员，头脑中的旧文学意识根深蒂固，后随着对新文学的了解和不断接触，开始转变观念，步入新文学的阵营。若翻看他在《新青年》

上陆续刊登的文章，是可查找出这些变化的过程和轨迹的。

通过自身由“旧”到“新”的转变，刘半农深觉肩上责任之重，要把仍旧受到旧文学荼毒的人解救出来，就像将“黑”漂白一样；除了要将已受“旧文学之害”的人解救出来，还要预防更多的人再跌入“旧文学”的监牢里，被旧文学“染黑”。

在这封书信之中，刘半农将自己与“陈独秀、胡适、钱玄同”封为《新青年》的四大“台柱”，所承载的义务，即是用新文学来拯救被荼毒的“旧文学”之人。

关于《新青年》“四大台柱”的说法，后来被人们传开，并被大家认可，胡适对刘半农的这种说法也点头称赞。

当然，归根结底，中心人物还应该是陈独秀。这不仅是因陈独秀是《新青年》的主编，而且其他“三大台柱”也是因陈独秀而来。胡适是陈独秀邀请来的，刘半农是陈独秀从上海带来的，而钱玄同则是陈独秀来北京大学之后“碰”来的。

事实上，无论他们究竟因何而聚，重点在于他们思想之新，于那旧中宛若一道闪电，划开了守旧、腐朽的脊梁！而《新青年》，无疑是他们制造无数道闪电的穹隆。

创新文化，变革先驱

巧唱“双簧”，助力革新

新文化运动在北京开展，但是其仍旧仅仅局限在一定的范围之内，并没有引起社会广泛的关注。为了扩大《新青年》的影响，拓展新文化运动的影响范围，《新青年》的编辑们煞费苦心，并通过“双簧戏”的形式来引起更多的人关注。

“双簧戏”的主角是新文化运动的积极倡导者——刘半农和钱玄同。为了批判那些固守“旧纸堆”的守旧派思想者，两人经过一番精心的策划，决定以读者和作者的身份，使用化名的方式，以一正一反两个截然不同的观点来对话，建立矛盾，引起争议，从而批判那些反对新文化运动的落后的顽固分子。

1918 年 3 月，钱玄同化名“王敬轩”在《新青年》上发表文章，题目为《文学革命之反响》，专门针对新文化运动而写，主题即是批判新文化运动。文章中，“王敬轩”自称是一名留学日本的学者，以旧文学的维护者自居，批判了新文化运动的多种罪状，斥责新文化运动的人数典忘祖，洋洋洒洒数千言，句句一针见血。

文中还将刘半农在《新青年》上发表的新诗《相隔一层纸》拿了出来，批判在诗歌中加入“老爷”、“要死”这类口语化的词，称其不成体统。除了刘半农的诗，还批判胡适、沈尹默等人的诗，更针对诗歌中引入白话文的用词大书特书。

而刘半农则以“记者”的身份，写作了一篇超过其10倍文字量的《复王敬轩书》来对阵。对于“王敬轩”在《文学革命之反响》一文中所列的各项罪状，刘半农都一一答复，并引用古典著作中的一些例子，驳斥了王敬轩的观点，正确指明了新文化运动的主旨。

刘半农的这篇答复之文，论据充分，笔端含情，很多学者和青年学生们被他的文章所感染，其影响力巨大!

这场论战非常精彩，也达到了最初的目的，很快便在文学界掀起了一场大论战，将真正的旧文学的支持者引出来参与论战。

一个叫“崇拜王敬轩先生者”的人，在4月给陈独秀写了一封信，信中对化用“记者”身份的刘半农的观点提出了异议，认为这名“记者”对于“王敬轩”的驳斥肆口侮骂，用此种行为讨论学术问题实在不妥当，言下之意是为“王敬轩”鸣不平。

陈独秀在6月份发表了一篇言辞犀利的文章，名为《答崇拜王敬轩者》，实为替“记者”说话。文中对于学术讨论的自由之论发表观点，认为如果是讨论真理，就应该自由讨论，而对于不明真理的人，不要妄加评论而歪曲了“自由讨论真理”的本质。

是时，这场关于新文化运动之战，鲁迅非常欣赏，他认同陈独秀、刘半农等人犀利透彻的文风，对于这场痛快的激战，他评论说，这场论战是一场“大仗”。

“双簧戏”上演不久，就引起了社会的广泛关注，陆续有旧文学的守卫者人针对这场论战展开激烈的讨论。1919 年春，旧文学的代表者“桐城派”再次发言，为保卫旧文学的领地进行最后的抗争。

桐城派的代表林纾在上海《新申报》的专栏“蠡叟丛谈”中发表文言小说《荆生》，这篇小说以影射的方式攻击刘半农、钱玄同和陈独秀，意在维护旧文学。林纾在小说里塑造了一个英雄人物——“荆生”，荆生有英雄气概，寻衅闹事痛打田、狄、金三人，以此表达他维护旧礼教、反对新文化的观念。

林纾等人或许未曾想到，历史的潮流总是向前发展的，新文化运动的发生、发展是历史的必然。而由此引发的论战，却此起彼伏，应接不暇。

这场由“双簧戏”引起的论战，影响非常大，尤其在青年学生之中引起了强烈反响。后来诗人朱湘曾在悼念刘半农的文章中提起，当初就是因刘半农的一篇《复王敬轩书》，让他认识到新文学的魅力，从此摆脱旧文学，走入新文学的殿堂。

有很多青年学生如当时的朱湘一样，被这场论战吸引，开始关注新文学，进而成为新文化运动的践行者。由此可见，刘半农是当之无愧的新文化运动先驱之一。

“双簧戏”虽然一如预期达到了它的效果，但对于这场论证，并不是所有人都持赞同的态度，同为新文化倡导者的胡适居然是其中一位。对于争论激烈的“双簧戏”，胡适认为，用如此言辞激烈的文字并不庄重，有失大学教授们的尊严风范。

胡适是第一位提出新诗改革、提倡白话文的学者，他是新文化运动当之无愧的灵魂人物，虽然他与陈独秀都是新文化运动的领袖和先驱，但却有自己的观点。

如果说陈独秀是新文化运动的激进派，那么胡适则可算作是保守派。陈独秀对文学改革的态度非常坚定，他提出文学改良的观点和理论，就是希望能全盘实现，若有反对的声音和观点，他则会以激烈的辩论直接而强硬地与之对垒。

胡适则与其不同，他提倡文学改革要兼容并包，听取别人的声音，也允许别人表达自己的观点，即便是这些观点可能与其观点相悖。同时，若其他人提出的观点在他看来是有道理的，他也会听取，故而说，胡适的改革态度是平和而宽容的。

多年之后，学者们在讨论“双簧戏”之时，仍认为其是新文化运动中的一场非常精彩的论战，但也有学者们认为这场论战虽然精彩，却免不了有些意气用事。一言以蔽之，无论世人对这场论战如何评价，都无法掩盖其战所带来的巨大影响，同时它也成为中国近代文学史上浓墨重彩的一笔。

“双簧戏”落幕了，新文化运动仍在继续，有更多的人受到“召唤”，投入革命的阵营之中。刘半农也依旧在研究小说、诗歌、散文、戏剧等各种文体的变革与创新，为新文化之路更长远的发展努力着。

是时，距刘半农来北京已过半年。这半年来，刘半农很快融入北京和北京大学的氛围之中，寻到了自己的位置，且取得了一定的成绩。

3月，正值北京之春，这一月份的北京并不是多雨的季节，偏偏这一日春雨整整飘洒了一夜，刘半农兴致大发，不禁作诗一首：

我来北地将半年，今日出庭一宵雨。

若移此雨到江南，故园新笋添几许。

这首《听雨》，清新活泼，又简单易懂，陈述了刘半农内心的思乡之情。

刘半农家在南方，初到北地便觉有诸多不同之处，偏偏他又非常喜欢雨水、湖泊之类与水有关的一切，故听到这一夜雨声，仿佛回到了家乡，不禁升起了浓浓的思乡之情。

独在异乡为异客，每逢佳节倍思亲。即便不是佳节，任何与家乡有关的情绪，都会被当作一种情绪的寄托。这首思乡之曲，后来被刘半农常州的老乡——音韵学家赵元任先生谱曲，在当时影响颇广，此歌在刘半农去世的追悼会上还被演奏过，为的即是纪念这位文化改革的先驱。

弃旧迎新，收集歌谣

歌谣，在中国有着悠久的历史，《诗经》、《汉书》中均有记载。因为它是由人们口头创作的，因此也最贴近人们的现实生活，表达出的也是人们最真切的愿望和情感。歌谣的种类和形式很多，表达的情感也非常丰富，描述爱情，抒发苦闷，赞美自然，抨击政治……

歌谣浅显易懂，表达感情自然真挚，与新文化运动所提倡的很多白话文的观点有相似之处，因此也颇受刘半农的垂青。他本人非常喜欢歌谣这种艺术形式。

幼时的刘半农，便在父亲刘宝珊的授教下学会许多江阴方言的儿歌。儿歌也是歌谣中的一种，在这些儿歌之中，刘半农体会到了许多真情，即便此后慢慢长大，甚至出国了，他都没有忘记童年时期那儿歌带给他的快乐。

一次，在与北京大学同僚沈尹默于北京大学河附近散步时，聊起过关于歌谣的话题，两人东拉西扯，聊着对歌谣的见解和感受。突然，刘半农想起儿时经常唱起的那些歌谣，于是便说："我们不妨征集一些歌谣，如何？"

沈尹默当即赞同，并说可以向校长蔡元培提议，以北京大学的名义来征集。

说到做到，次日刘半农便早起拟了一份关于征集歌谣的简章，拿给蔡元培过目。蔡元培仔细阅读了这份简章，发现里面不仅拟定好了歌谣征集的形式、截稿日期，而且安排好了歌谣的发行形式，由刘半农进行稿件初审，钱玄同、沈兼士考订稿件中的方言，沈尹默作为主编负责编辑成歌谣集萃。蔡元培看过之后当下点头同意，随即批复交给印刷处，并寄到各省官厅学校。

在 1918 年 2 月 1 日的《北京大学日刊》中，同时刊登了这篇由蔡元培签署的"征集近世歌谣"的通知，此活动也在他的大力支持下于全国范围内热烈地开展了。

为了配合这次盛大的征集活动，北京大学还特别成立了歌谣征集处，刘半农系负责人。这个歌谣征集处一直存在，直到 1920 年刘半农去欧洲留学，征集处才交给他人管理。

一个儿时的牵念，一次偶然的谈话，竟促成了一场全国性的歌谣征集活动，刘半农很高兴能让中国的歌谣以如此郑重的形式被人们关注，他也将其视作一项必行的辉煌事业。

各地对于这一活动也有良好反响，短短两个月的时间，刘半农就收到了来自全国各地寄来的 1100 多首歌谣，很多著名的学者、教授和在校学生也都参加了这项征集活动。

经过认真的筛选和甄别，刘半农最终选出了148首，在《北京大学日刊》上开辟了一个专栏，每天刊登一首，并加上注解，连续刊登了一个多月，受到外界的一致好评。

这些刊登在《北京大学日刊》上的歌谣，都是经刘半农精挑细选的。他在删选时会悉心考证，比如向身边熟识的人请教，确定每首歌谣都是真实的，如此他才会放心。故此，这些歌谣对于民俗研究意义不俗。

巧合的是，歌谣征集活动与“双簧戏”时隔不久发生，而与刘半农的《复王敬轩书》几乎是在同一时期。歌谣征集活动可谓是与“双簧戏”遥相呼应，一个呐喊，一个实干，都在向传统的封建文学发起挑战。

在传统卫道士的眼中，歌谣是“不能登大雅之堂”的“下里巴人”文学，与“阳春白雪”的贵族文学简直不可同日而语，而这种所谓的“不能登大雅之堂”的文学却与新文化运动所提倡的“白话文”有相通之处，北京大学公然征集这种通俗的“民间歌谣”，正是在向“贵族文学”呐喊示威。

无论传统保守派如何反对，歌谣征集活动的价值是不可否定的。这次活动留下很多精彩之作，有很高的文学价值和艺术价值，对学者们研究歌谣、民歌是极佳的资料和素材。不仅如此，通过近代这唯一的一次歌谣征集活动，也孕育了中国民间艺术学和民俗学的形成。

对于刘半农而言，歌谣征集活动随着最后一篇的刊登落下帷幕，但这项事业在他的人生中才刚刚开始，他不仅将民歌的形式融入新诗的创作之中，还成为中国第一个对民歌进行学术调查的人。

他经常借助各种机会调查和研究民歌，回老家探亲、休养，走亲访友，甚至出国留学，他都会将沿途听到的、见到的随时随地记录下来。在回老家江阴的途中，遇到船夫，他就向他们请教“船歌”；遇到民间的说唱艺人，他会向他们请教传唱的民歌，为了表达学习的敬意，他甚至把他们邀请到家中，待之如上宾。

为了调查和收集，他曾三次特意回到家乡，而后收集到的江阴方言歌谣，有的在北京大学的刊物《歌谣》上发表，有的则被他编辑成集，流行于世，此足见其对民歌的喜爱和重视。

在欧洲留学期间，刘半农所注重的也是音韵学和语言学的调查和研究。因此，自归国之后，他即使用系统而科学的调查、研究方法，以令歌谣的调研和收集工作更为专业。

1934 年，他利用假期时间，率 3 名助手——白涤洲、沈仲章、周殿福赴西北地区用最新的科学方法实地考察和收集民歌。

行程的第一站是包头，在乌拉特前旗他用录音机录下了爬山歌；接下来到归绥（今呼和浩特市），他调查了武川等 8 个点的方言；至黄河边，他耗时 3 日，跟着拉纤的船夫一路逆流而上前往宁夏，途中记录着船夫们悲壮而动人心弦的号子；随后来到阴山，调查了蒙古族牧区的风俗；又前往大同，调查了雁北 13 县的方言。

这一路之上，刘半农不辞辛苦，痴醉般记录和收集着各地方言和民歌，这在当时也引起了极大的轰动。

为何他如此热衷于记录和调查歌谣？这自要从他的文学改良观谈起。

刘半农对歌谣有着特殊的感情和深刻的认知，他认为，要做好白话新诗的改革，与歌谣、民歌是分不开的，因为歌谣是最贴近人们生活的，与新文化运动所提倡的白话文有相近之处：浅显、通俗、易懂，感情自然真挚，表达清晰明了。

在歌谣之中，带有地域和民族特色的民歌一样非常重要，他的著作诗集《瓦釜集》就是用家乡最流行的“四句头山歌”和家乡江阴的方言创作的，集中的诗歌句式长短不一，而表达却生动活泼，雅俗结合，极具民歌特色。

此诗集开辟了一个全新的境界，在中国诗歌史上占有重要地位，刘半农也成为中国首个用方言俚语创作诗歌的人，且取得了良好的反响；而他这种为了学术研究不辞辛劳、孜孜以求的精神，也备受世人的尊敬、敬佩。

国语统一，声援“五四”

1919 年 2 月，一个关于新文化运动代表人物的文章在《神州日报》上刊登，内容声称北京大学的陈独秀、胡适、刘半农等人因思想激进，受到政府的干涉，陈独秀去往天津。

收到北京大学文科学长辞职的消息，记者采访北京大学校长蔡元培，其并未否认。

这一消息一经刊登就引起轰动，多家报纸杂志转载此篇文章，从而引起了一场蔡元培与该文作者——张厚载的论争公案。

张厚载，是北京大学的一名学生，在学生时代即开始参与戏剧的评论，对戏剧颇有心得。那么，为何他会在报纸上发表如此言论呢？这要从刘半农的一篇关于戏曲言论的文章说起。

在新文化运动期间，张厚载与刘半农等人曾有过一场激烈的论战。刘半农曾就戏曲评论、改革等方面发表过言论，遭到自认资深戏曲评论人张厚载的反驳，随后陈独秀、胡适、钱玄同和刘半农又对其予以驳斥。张厚载对刘半农等人的做法和言论存在异议，因此便引出了此番言论。

借着这篇文章的东风，保守派的代表人物林纾也在《公言报》上发表了一篇攻击蔡元培的文章，并得到《公言报》的支持。《公言报》在“编者按语”中评论说，在蔡元培担任北京大学校长、陈独秀担任文科学长之后，以领袖自居，并连同刘半农、胡适、钱玄同、沈尹默等人鼓吹改革，主张新文学，令学生也纷纷效仿。言辞之中，表达出蔡元培对一众人纵容和包庇之意。

原本，这看似一般性的因学术观点相悖而出现的论争无伤大雅，不曾想，这一流言竟会引起如此轩然大波，蔡元培不得不对此做出回应。

1919 年 3 月 19 日，蔡元培在《北京大学日刊》中刊登了一篇名为《蔡校长致神州日报记者函》的文章，对传闻一事做出回应，其中指责张厚载无中生有的言论。随后，他也在《公言报》发表了一篇名为《致〈公言报〉并答林琴南（林纾）君函》，反驳林纾的言论，为胡适、陈独秀、刘半农等人辩护。

新文学的改革之路，就在与旧文学的不断碰撞中徐徐向前，即便是有旧文学的守护者横亘中央，但历史的潮流发展不可阻挡，新文学仍在更多人的支持中稳步发展、变革着。

同年 4 月，北洋政府教育部发出建立“国语统一筹备会”的通知；4 月 21 日，“国语统一筹备会”正式在北京成立，胡适、钱玄同、刘半农、朱希祖、马裕藻等人作为北京大学的代表列席参会。

会议之后，刘半农草拟了《国语统一进行方法的议案》和《请颁行新式标点符号议案》两项议案，并代表北京大学呈送给大会。在议案之中，对于已经制定的国语 39 个字母，认为应该积极推行，使其成为国家的标准口语和标准字音，国家编辑发行的报纸和字典也应使用，这样才能将其普及全国，让人们在演讲、公共场合都使用它。

对于标点符号，刘半农等人在中国本有的句号、逗号之外，提出了冒号、问号、惊叹号、引号、破折号等新符号，将现有的标点符号增加到 13 种，并进行了详细说明，方便书写和使用。

这两个议案，在大会决议之后均通过了提案。毋庸置疑，刘半农在标点符号的增加和推行上做出了卓著的贡献。

是年，国语统一筹备会刚刚结束不久，轰轰烈烈的五四运动就爆发了。

巴黎和会上，帝国主义不顾中国也是战胜国之一，拒绝中国提出的归还权益和领土的提议，将原本德国在山东的殖民权益转给了日本，而当政的北洋政府惧怕帝国主义，选择屈从。

帝国主义的蛮横举动和北洋政府谈判的失利和屈服，引起了国内爱国人士的强烈不满，群情激愤，以青年学生为主，广大群众、市民、工商人士等共同参与的游行示威活动，请愿抗议、罢工对抗等活动，在北京天安门广场进行，学生们打出“誓死力争，还我青岛”、“废除二十一条”、“外争主权，内惩国贼”等口号，要求严惩卖国贼。

青年学生和爱国人士的这一激烈的举动，受到北洋政府的蛮横镇压，32 名学生代表遭逮捕。然而，逮捕学生却未能平息游行示威活动，事件的影响反而越来越大，从北京蔓延到上海乃至全国 150 多个城市，不仅学生参与其中，连工人、工商业者也以罢工、罢市等形式支持学生们的爱国运动，甚至各种爱国团体纷纷通电谴责政府。

随着事件的影响不断扩大，这场运动不仅成为学生们的爱国运动，也成为革命者发动爱国革命宣传的契机。陈独秀、李大钊等爱国革命党人借此机会发表爱国宣言，并在热闹的街区发放宣传单。

6月3日，北京被逮捕的学生已逾千名，刘半农、陈百年等人听闻被捕的学生被关在北京大学第一院的国文系教室和法科教室，且也有北京大学法科的学生在内，便以此为由，约几名同僚前往探望。

来到关押学生的教室门口，刘半农等自称是北京大学的代表，要求进入看望学生，却遭到军警的拒绝，甚至关押学生的院系周围的道路也已戒严，不许任何人靠近。他们透过看守，看到仍旧陆续有学生被关押进来，有的学生只有十三四岁，还是初中生。

见此情形，刘半农作为教师会的总干事，同钱玄同等20多位北京大学的教职人员召开了一个紧急会议，商讨如何营救被捕的学生，随后开始与各位教师为营救而奔走。

不料，一波未平，一波又起。6月11日，陈独秀在抛撒传单过程中被伺机等候的警察逮捕入狱。在如此敏感时期，陈独秀的被捕立刻在全国引起轩然大波，各大报刊、社会团体、学者名流及政界人士纷纷谴责北洋政府的这一举动。

经由学生、工人和各方爱国团体的努力，北洋政府最终拒绝在巴黎和会上签字，相关的任职要员也被罢免，各项抗议活动才陆续停止。随之学生被释放，返回学校继续上课；工人复工；工商业恢复秩序。不久，刘半农因不满北洋政府的统治，回家乡江阴度暑假。

暑假过后，刘半农回到北京。9月16日，陈独秀在多方人士的营救之下，终于被保释出狱，结束了为期3个月的牢狱之灾。

陈独秀出狱之后，刘半农去看望这位“宁折不弯”的“战友”。对于这场牢狱之灾，陈独秀感慨良多，囚禁的日子隔绝了他与外界接触的机会，遮住了他的双眼和双耳，让他孤身一人成了“瞎子”、“聋子”，整日浑浑噩噩。他万分痛恨政府的“威权”，更激起了他创造新世界的决心。

刘半农被陈独秀的情绪所感染，写了一首名叫《D——！》的长诗：“威权幽禁了你，还没有幽禁了我，更幽禁不了无数的同志，无数的后来兄弟……”

联想到陈独秀的被捕和新事物被摧残，刘半农思绪万千，但幸而没有泯灭希望，仍然有更多的人会迎接新事物、接受新事物，并会为了新事物、新世界去努力，去奔走，去创造！

语言研究，《文法通论》

五四运动的热度渐渐褪去，有识之士的拓新之举却从未停止。有感于新世界的新力量，刘半农知道，他的精力更应执着于学问上。

刘半农在文学创作领域徜徉多年，对于小说、诗歌、戏剧、散文、杂文等的创作非常熟悉，并且有非常独到的认识和见解。事实上，他对语言文法也很有研究。

学习和研究新的领域，对刘半农来说并不吃力，他从小就喜学，加之天资聪颖，学习能力强，所以研究文法也颇有章法。

在北京大学任教期间，他曾担任过文法老师，对于语言文法有比较细致的研究。为了能够拟写出适合学生学习的讲义，他阅读了很多关于文法方面的书籍，并收集了诸多相关例子。

一边研究文法，一边拟写讲义，不觉间已是难数之言，但在讲课的时候，受制于课时不多，每周仅有一节课，每节课又仅有一小时，一个学期下来也仅仅 10 节课，故而所能传递出的内容仅占他所拟写讲义的一半。

为了保留下这些讲义，他费时良多，编写成了一本书稿，名为《中国文法通论》，其中尽是自己的教学研究所得。在书中，他提到中国人研究文法，大多数是模仿和引用前人的研究方法，而他则反对采用模仿的方式，主张从文法根本上研究才能有新的突破和进展；在具体的研究过程中，以往的研究都例行将研究所用的例句注明出处，为了验证自己的观点，有些语句则出自生僻的典籍，他反对这样的研究方式，也不主张注明例句的出处。

他认为，文法研究处处都要注明出处的话，在教学之时就会生出一种流弊：往往很普通的文句，却没有普通的书句可以引用，为了要注明出处，不得不到冷僻的文典古书中去寻找例证；而为了能给学生讲明这些引用的语句，又不得不花费更多的时间去讲解，得不偿失。而对学生来说，这样的研究方式势必会引起他们的好奇心，令其自然而然地去挖古猎奇，反而抛弃了普通的文句。

可见，这样的研究方式有太多副作用，并不适用，故而刘半农毅然抛弃了这一成不变的研究方式。

《中国文法通论》一书中，刘半农以先秦的古文作为研究的主要对象，同时也收入了一些现代汉语作为例证，论述了词的分类、搭配关系、句子的结构与分类等。从书中引用例证的方式就可以看出，此本之中仍旧融合了他文学改良的思想——主张现代汉语。

刘半农所著之书得到了蔡元培的支持，由北京大学出资印刷出版1000余册，一部分由学生领取作为参考讲义，学习之用；一部分则交给北京大学出版部发售。不仅如此，蔡元培还将此书推荐给商务印书馆的张元济，希望他们能将书稿多多印刷，扩大发售。

张元济接到蔡元培的信和随信寄来的书稿后，将书稿交给了编译所研究是否可印刷事宜。

1919年12月，刘半农来到商务印书馆洽谈出版事宜，经与张元济协商沟通之后，张元济建议刘半农将所有书稿交由馆里代售，并卖出版权。后经刘半农同意，商务印书馆以200元（银圆）的价格将《中国文法通论》一书的版权买下，该书也因此得以流传。

《中国文法通论》不仅是刘半农辛苦研究所得之作，也是革新派的一本典型著作，意义非凡。著书立说，可谓是刘半农人生中一件颇为重要的事情，对他的意义也非比寻常，是一种认可，也是一种鼓励。

与此同时，另一件令刘半农高兴的事也终于落地——赴欧留学。

为何刘半农生出出国留学的念头？

刘半农才识渊博，从他在文学界所取得的不俗成绩上即可看出，但他却系中学肄业，没有高等学历。刘半农为人豁达，并不拘泥于文凭，他善于学习，钻研有道，在教学和研究中也颇得章法，并不觉自身与其他高等学府毕业之人或留学归国之人有何不同，然在工作之中，却也常因此受到刁难。

在《新青年》选择编委人选之时，胡适就提出过人选的学历问题，刘半农既非大学毕业，又没有出国留洋的经历，这个规章对他来说是个很大的障碍。除此之外，在与其他人讨论学术问题之时，也由于他没有学历的支撑，常常被人说“浅陋”、“不博学”，即便是很有主见的研究方法也会受到掣肘，这令其十分沮丧。

在担任《新青年》主编之时，他也曾受到排斥。有些学者对他作为主编的《新青年》并不热心，甚至约稿子都有困难，需要由钱玄同出面代为约稿才勉强同意。

对于一个满腹才学的人，却要用硬性的外在标准来要求他，这是不公平的。而就连他在《中国文法通论》一书中提到的一些研究方式，对于惯于引经据典的学者派来说，也是没有权威性的，他还因此得到了“浅薄”的评论。

鲁迅也曾在文章中提到过，刘半农很热心于写作，但却连投稿到《新青年》有时也会被排斥，那些人评论他的稿件有点“浅”，这也许是他后来要出国留学的原因之一吧。

在工作和学习上遇到阻碍，刘半农便萌生了出国求学的心思，恰好教育部有公费出国留学的名额，只是需要自行考取。在蔡元培的支持之下，刘半农考上了公费出国的资格，获得了这次难得之机。

出国的行程将近，刘半农对北京大学和家乡非常留恋。1919年12月时，他已开始停止教学工作，安心准备出国事宜，北京大学的同僚也陆续开始为其饯行。

闲暇之余，刘半农仍会漫步于北京大学的未名湖畔，此时已是深冬，湖面结冰，在太阳的照射下，反射出一片冷色的银光，湖边静谧异常，适合他沉思及感受离别之情，他也将这北京大学的一草一木铭记于心。

出国在即，归期未定，刘半农内心对祖国的眷恋却已愈发强烈。

其时，恰逢北京大学22周年校庆之际，蔡元培邀请即将出国的刘半农进行一次演讲。刘半农将演讲的题目定为《留别北京大学学生的演说》，将深深的眷恋和浓浓的乡情一并表达出来：“我是中国人，自然要希望中国发达，希望我回来之时，中国已不是今天这样的中国。”

然而，他所希望的中国却不是如何练兵、如何造舰艇，而是“不要落在人类的水平线之下；希望世界的文化史上，不要把中国除名”。

热情洋溢的演讲，发自肺腑的深情，深深打动了北京大学师生，热烈的掌声经久不息。这番精彩的演讲，表达出了刘半农对中国文化发展的殷殷期盼，同时也对后辈学子寄予厚望，希望他们能肩负起振兴中国文学的重担。

1920 年 2 月 7 日，刘半农如愿购得船票，携妻女离开故土，从上海乘坐日本游轮“贺茂丸”号前往英国伦敦，开始了他的留学之旅。

潜心钻研，成绩斐然

一波三折，远赴英国

去英国之前，刘半农遇到了很多波折。

原本是准备 1918 年出国学习，结果因为教育部的命令，计划改变，留学事宜不得不又延迟了一年。

一年的时间弹指一挥间，日子飞快。而留学在即，很多事情需要刘半农自己亲力亲为，杂七杂八的琐事让他忙得焦头烂额，单单是订船票的事就斡旋了好久。

刘半农性格刚烈，即使遇到问题，也会想尽办法解决。其与船运公司之间就发生了两件不愉快的事情，幸而后来都通过自己的极力争取将问题解决。

在临行之前，刘半农之前替同行的陈百年订了一张票，后因陈百年有事不能如期前往欧洲，票又不好作废，他就想把这张票改成童德禧的名字。船运公司却不以为意，坚决不给刘半农解决问题。在这些日本人眼中，中国人是愚蠢的，他们使用一些小伎俩就能骗过去。故此他们给刘半农的回复更是含糊其词，不清不楚。

语言不通，刘半农和他们沟通便有障碍，出国的日期又将近，刘半农憋了一肚子火，最后终于爆发，跟他们大发了一通脾气。那些洋人看了，也畏惧三分。

刘半农毫不退让，在一番协商、争论之后，船运公司才将船票改成了童德禧的名字。可麻烦事接踵而至：船票定金的问题。

洋行没有按照规定收费，而是多收了刘半农 30 美元。可当刘半农去询问的时候，却遭到对方的无视，他们不打算退钱，刘半农大为恼火。

刘半农岂是受人压迫之人？他马上向一些专业部门咨询，确定船运公司高价收费的行为不合规矩，便“威胁”他们，若坚持不肯退钱，就要去告他们。一番周折之后，对方终因理亏而妥协了。

耿直的刘半农，吃得了苦却受不了委屈，在与日本人打交道时更义正词严，绝不退让。他心里清楚，中国人本来就应该挺起脊梁，活得有尊严、有骨气。

“买票风波”过去之后，刘半农一家终于可以安心启程了。民族，文化，进步，刘半农带着一颗热忱之心，及自己内心深处的感情告别了北京大学。

一家人兴致很高，一路观赏沿途风光，心情也格外舒畅。虽然路遥，却抵挡不住喜悦的情绪，颠簸之劳也便在一路的欢声笑语中消失了。

抵达伦敦，刘半农马不停蹄地办理好了入学手续，安定下来之后，便给校长蔡元培写了一封信，告知这几天的情况。

经过一个多月的辗转，奔波，终于到达了目的地。

在当时，牛津大学和剑桥大学在国内外的名气一直很高，是众多学者慕名而来的圣地。可在刘半农眼中，却不过是芸芸众生的平凡之地，而且生活费又很昂贵，并不是最佳去处。出门在外，口袋里为数不多的盘缠不得不让刘半农慎重考虑。

他的好友傅斯年曾说:“这哪里能算什么大学，只是东也一座破庙，西也一座破庙而已！有几处地方算是讲堂的，连桌子板凳都破了。有许多处简直连天花板都破烂了，一大块一大块地挂下。”

之所以是这番景象，是因战后的欧洲自然环境差，经济更是十分萧条，通货膨胀，货币贬值，物价跌宕起伏，社会极不稳定，在这种不景气的大环境之中，各方面问题自然层出不穷。

刘半农将这一切看在眼中，他心里清楚，津贴和补助的这点钱在欧洲也算不上钱了，刚到欧洲日子就要精打细算地过。此时他想到自己出国之前还特意做了一些衣服。原本，以为要出国了，无论如何也要有几件像样的衣服，可到了伦敦之后，他才发现根本用不上，花费这样一笔开支，他颇感心疼。

留学并不如想象中那般轻松，这需要很厚实的经济基础支撑。有些人认为，留学宛若陶渊明“采菊东篱下，悠然见南山”的自在，超然物外，闲情逸致，来到了一个谁也不认识的地方，开始一段新的旅程，是何等惬意?

不过，对刘半农而言，的确是要在这里开始另一段人生的旅程，但绝不是轻松快乐的体验，而是艰苦岁月的开始。他要汲取这里的精华，才能改变自己的命运。

若是能一心扑向学业也好，刘半农携家带口，学业的压力和生活的重担顷刻间一并袭来，故此并不容易。

出国对于当时的刘半农来说，是一件很难得的事，若没有蔡元培的帮助和国内方面的资助，恐怕他这辈子也没有这样的机会。

彼时，刘半农一家人租了一间小旅馆。刘半农心思缜密，出国之前做出了很详细的计划，学业进程、生活开销等。当时他手上的钱尚够，甚至还有富余。不料，生活的困难随之而来，让其心力交瘁。

其时，欧洲经济很不稳定，严重地影响了人们的日常生活，物价不稳，涨落不定。加之租金太高，刘半农相继换了几家都因价格问题不停地搬家，在国内时他如何也没想到，身在外地，单单是住所都成了问题。一时间，他不禁心凉，担忧起以后的日子。

生活拮据，能观善学

刘半农一家人仅凭那点可怜的费用供日常的所有开销，吃不好、穿不好，在伦敦的日子简直苦不堪言。他看着妻儿跟着自己一起受苦，十分后悔让她们一起出国，但抛下她们一人外出，心理上又是无法承受相思之苦的。

那时，刘半农每天都要列一个账单，把每一笔开销都记下来，能省则省。

在伦敦，他准备主修汉语语音，这对中国文学而言无疑是一个新的挑战和突破。他这种敢于向新知发起探究的态度，也得到蔡元培的大力支持。

刘半农选取语音为主修课程，其中包括应用语音学这一专业。当时英国伦敦的大学在这一领域取得的成绩遥遥领先，这也是他选择到这里学习的主要因素。

语音学之于当时的中国文学是新知，刘半农择此专业，是大有“携新知以效祖国”之意的。伦敦大学实验设施齐全，实验技术水平高，各方面都比国内先进。刘半农打定的主意是，先在伦敦大学钻研，日后还要去德国、法国继续进修。

刘半农在语音学方面很有天赋，他系小城出身，受到江阴文化的熏染，故此在语音方面更具“敏感性”。

只是，世人关注了太多刘半农的外在，太集中于关注他“浅”的地方，却不知其对于语言有很“深”的天分。

经过一番周折，为住所发愁的刘半农终于安定下来。所居之地虽离学校较远，但房价和空气质量都让他很满意。那时的他，无论天气怎样都要步行去学校，宁可多走些路，多受些辛苦，也不愿意浪费并不奢侈的坐车钱。

日复一日，他天天如此，这对他也可谓是另一种考验。

刘半农在自己 30 岁生日的时候，曾为自己作诗一首：

三十岁，来得快！
三岁唱的歌，至今我还爱。
“亮摩拜？
拜到来年好世界。
世界多！莫奈何！
三钱银子买只大雄鹅，
飞来飞去过江河。
江河过边姊妹多，
勿做生活就唱歌。”
我今什么都不说，
勿做生活就唱歌。

“我今什么都不说，勿做生活就唱歌”，面对生活的姿态，也无话可说，此可看出他的乐观和开朗。事实上，这也是刘半农对生活的一种无奈，还好有诗歌相伴，他的所有情愫才得以找到发泄的突破口。

时光游走，几个月过去了，日子一天比一天紧，刘半农一家还是努力坚持着，在这段艰苦的岁月里，他的妻子未曾有一丝抱怨。

贫苦的生活已令人难堪不已，半年后，朱惠生下一对龙凤胎，这无疑让本就拮据的刘家生活雪上加霜。

孩子刚出生，需要置办的物品也多，妻子身体也需要补充营养。·股巨大的沉重感迎面袭来。

好在刘半农骨子里有乐观的元素，在如此艰难的日子里，他还能保持最佳状态。那时他写了一些自我感觉尚佳的文章，可送到报社时不仅未得到重视，编辑漫不经心的态度更是让其气愤难当。随后，他又辗转多处，都未得到一个满意的回复。

那天，天公不作美，大雨滂沱，雷声滚滚，仿佛在同情这个为生计奔波的男人，也同样震颤着他的尊严。

刘半农并没有因贫穷的生活就消失了对生活的情趣和热爱，他是个诗人，总可用自己心中的话表达情感。记得有一次，中国留学生聚会时邀请了刘半农。当时众人去了一家印度式的饭店用餐，印度餐有自己的特色和习惯，吃饭间，刘半农联想到做饭用的水，便作诗一首：

> ……
>
> 那绿沉沉的是你的榕树荫，我曾走倦了在他的下面休息过；
>
> 那金光闪闪的是你的静海，我曾在它胸膛上立过，坐过，闲闲地躺过，低低地唱过，悠悠地想过；

那白蒙蒙的是你亚当峰头的雾，我曾天没亮就起来，带着模模糊糊的晓梦玩赏过。

……

走到一个地方，便有一种思想，刘半农的灵感也源自于他对生活的热爱。

伦敦大学里的课程，在语言学上的确有很多精华可吸收，但也同样有陈旧与糟粕。故此，为了汲取最甘甜的泉水，用不上的知识他索性不去听，把精力都用在刀刃上。

刘半农接受新知的能力既强又快，且具有敏锐的洞察力，他总能分辨出哪些东西是对国内进步和发展有益的元素，随即便将这些东西逐一印刻于脑海中。

他经常去伦敦博物院，那是他喜欢的地方。徜徉其中，仿佛来到一个更为广阔的世界。恢宏的气势，庞大的建筑，刘半农也只在报纸上看到过。第一次来到这里，见到了真实的博物院，激动和兴奋之感始终萦绕心间。

伦敦博物院是世界著名藏书地之一，海量的书籍、先进的设备、完善的管理体制，这都使刘半农不禁啧啧称奇，感叹伦敦的这一世界性的建筑。

看着这座雄伟的建筑，刘半农想到了北京大学的图书馆，相形之下，是很有差距的。于是，在斟酌一番之后，他写了一篇文章——《对于改良北京大学图书馆的意见》：

我的朋友李守常先生，自从做了图书馆主任以来，没有一天不是很诚恳，很刻苦的想法改良；而且还曾经开过几次会议，请校内几位注意收藏事业的教员，帮同他设法改良。然而到今天，还没有很大的效果。因其如此，所以我虽然不是个研究藏书学的人，也要就我的一知半解，略略贡献一些意见。这一件的是不是，自然要在事实上试验之后，才能知道；所以我现在也不必自己批判。

刘半农的信写得很婉转，先肯定李守常的工作态度，之后提自己的意见。毕竟，他不是负责人，直接指出问题有些不妥。他只能将自己在国外所看到的更为先进和完善的方法介绍到中国。

幸运的是，他的意见得到了尊重和采纳。北京大学图书馆借鉴了他的建议并在杂志上发表，开始学习先进的索引方法和保管方法，并在一定程度上形成了较为完备的体系，较之前大有进步。

刘半农目光长远，心系祖国，时时刻刻惦记着把外面好的东西“搬”回家里。

学习之余，一有空闲他便在家中帮助妻子带孩子，他也希望有更多时间与家人团聚。看着孩子咿咿呀呀的，日子虽紧张、辛苦，乐趣和希望倒还是有的。

他偶尔也会去一条都是书店的小街。比起沉重的课堂，那里更像是一个自由之地。

欧洲的文化开放，更新的速度也很快。在外留学的人都深有体会，若狭隘地受限于中国传统文化的封建礼数，到国外来定然很不适应。

一次，刘半农被美妙的音乐吸引到了一家咖啡厅，那里的人随着音乐翩翩起舞。刘半农便静静地坐在旁边，享受这短暂而美好的时光。

那里的人形形色色，都各自沉醉在音乐中不能自拔。这是刘半农忙里偷闲的美好时光，虽然短暂，却是让他的心灵在异地他乡可解放之处。

期末，学生们习惯把自己的书籍低价卖出去，然后再添些钱，购买下一年的书。这不失为省钱的好办法，可刘半农却没有这么做。他也要省钱，但绝对不卖书，因为他手上的很多书是国内没有的，别说是廉价，就是高价他也不会动心。

简单而平凡的伦敦生活，在刘半农日复一日的学习中缓缓前行，他一点点夯实着自己原本薄弱的基础，以待他日崭露头角。

艰难度日，坚固友谊

选择留学，刘半农预料到日子不会轻松，可这是让他成为“新知载体”的广阔渠道。

彼时，三个孩子的负担让他有些透不过气，而回转到现实，他也想到了回国的情境。如果半途而废，不仅没有完成学业，还会被那些曾经鄙视自己的人所无视，无论多辛苦，他都告诉自己绝不能退缩。

刘半农终究不甘心做一颗平凡草芥。若说战场上的勇士有一颗刚猛的心，其实文人内心强大的支撑力也并不逊色。刘半农深知，只有把苦尝尽，前途才会慢慢光明起来。他不是安于现状之人，亦不想始终在伦敦大学“故步自封”。故此，他开始有新动作了——移身巴黎大学。

从伦敦大学到巴黎大学，刘半农又开始了人生一段新的旅程。巴黎大学有着更加丰富和专业的资源，他如饥似渴地遨游于无尽的知识海洋中，经常没有昼夜地钻研、实验，天天泡在图书馆里，加上他在语音学方面天赋极高，很快便进入了状态，得以不断突破。

于精神层面上来说，一个人能投入自己喜欢的事当中，未尝不是一件幸事，对彼时的刘半农来说，也只有全身心投入研究和文学创作之中，才会暂忘身边的种种烦恼和忧愁。

刘半农在复杂的仪器之间忙碌，留下一个为了梦想而努力的身影，更让人看到了一个中国人顽强的意志。他曾说，关于学术“野心不能太大，太大仍不免逐渐缩水，不如当初就把自己看的小些，即在小事上做水磨功夫”，最终他选择了技术含量极高的语音实验学。

刘半农用他特有的敏感听力和惊人的毅力，将在他人看来枯燥无味的实验做了无数次，失望、失败，希望、惊喜，这都在刘半农的努力过程中不时出现。

刘半农用自己的开拓创新思维，让母语大放光彩，也让更多人感受到了汉语言的魅力。同时，他的爱国情愫也彰显无遗。

留学期间，刘半农有一个非常特别的“伙伴”，此人便是傅斯年。当年，傅斯年就是因性格豪爽，是一个不拘小节的人，才与刘半农缔结深厚的友谊的。

傅斯年是在组织中文系第二次小说研究所会议的时候结识刘半农的，当时的刘半农和傅斯年是以师生关系进行交流，傅斯年对待刘半农这个老师十分尊敬。

久而久之，新文化运动的发展成了他们之间关系的“助推器”。那时，刘半农是《新青年》的重要力量，而傅斯年也非常热衷于新文化的改革，两人可谓并肩作战，又相互补充。时间一长，彼此便没有了那些繁缛之礼，也消失了师生之间辈分的束缚，两人的关系也就越来越密切了，并逐渐从师生关系，很自然地过渡到朋友和战友的关系。

革命的友谊是坚固的，甚至无坚不摧。他们不再是手无缚鸡之力的书生，他们的笔触坚硬而有力，有时比武器更加尖锐，更加无情，批判着那些陈规旧矩，向封建礼数宣战，用有声的抗议为新文化革命带来崭新曙光。

在英国时，傅斯年和刘半农在同一所大学，既是故知，亦是校友，这就更加深了两人的感情。有人曾说，刘半农和傅斯年早就约定好一起到英国留学。此说法虽难以考证，却是有些道理的。

志趣相同的人往往更容易成为朋友，刘半农留学期间的国内朋友还包括徐志摩、罗家伦等，得闲的时候几人就聚在一起，谈天说地，或一起游玩，观赏美景风光。有时也会谈谈对新文化的改革见解，这是刘半农最快乐的时光了。

只是，快乐的时光稍纵即逝，毕竟聚会是要有花费的，时间一久，大家亦是囊中羞涩，也就难得游山玩水了，索性聚会也渐渐取消。生活的艰苦，让他们不得不勒紧腰带过日子，有时只能靠吃面包维持。

刘半农出国专攻语音学专业，他目的明确：获得博士学位。在他看来，只有取得了博士学位，回到北京大学才能争口气。

在语音方面，刘半农已有天赋，而其在北京大学任教时也主教音韵学，得益于爱好和兴趣，他更多了一份钻研精神。加之对声音的敏锐辨识，才能不断地在语音学方面获得佳绩。

比起刘半农，一样很喜欢探索一切新鲜事物的傅斯年，更加注重内心的充实，他没有更强的目的性，只是好学、善学。傅斯年涉猎的知识甚广，数学、物理学、心理学都做过研究，虽然他与刘半农所学不同，但其对语音学也有着浓厚的兴趣，同时他博学多才，对刘半农的研究亦是总能提出独到的见解和很多建设性的意见。每每这时，两人就会把酒言欢，庆祝每一次默契的配合。

当然，两人也曾有过“红脸”的时候。刘半农和傅斯年都是急性子，时而会吵得面红耳赤，有时争论激烈还会大打出手！旁人看了都顿觉两人实在“不可理喻”。

不过，吵归吵，他们的深厚友谊不会在吵完、打完后变浅，他们仍会继续在一起埋头探讨那些聊不完的共同话题。

1923 年时，刘半农已经完成《四声实验录》，为了请到傅斯年作序，当时已身在巴黎大学的他特意去伦敦找傅斯年。傅斯年也没有辜负他的期待，为其《四声实验录》做了一篇非常专业而精彩的序。

异国他乡，正是这种让人舒服又自在的友情，对刘半农的工作和生活给予了很大的支持，这更像是一种精神上的寄托。毋庸置疑，傅斯年在一定程度上给了刘半农精神上的鼓舞和事业上的支持。

尔时，刘半农一边苦苦研究专业，攻读博士学位，一边又要参加国内的文化运动，还有家中一些琐事积压，他的内心承受着的压力可想而知。好在国内好友方便之时会来看望，这让刘半农稍有宽心。

赵元任夫妇曾去伦敦看望过刘半农，和他聊了很多国内情况。刘半农十分关注新文化运动，询问了很多自己关心的问题。赵元任在临走时要拍照留念，把照片带回国内，刘半农当即让儿子趴下。众人一惊，儿子故作“叫花子”的乞讨姿势，可谓与父亲心照不宣，这一举动令赵元任夫妇哭笑不得。

事实上，当时北京大学很多有名气、有地位的教授都有在国外艰苦的留学经历。在当时的学术界，留学不仅仅是一种进修，更是一种升华，同时也成了一种风尚。没留过洋的教授显得十分不“入流”。不过留洋回来的“绅士”们，每每说起自己的遭遇，也尽是苦不堪言的，实在不堪回首。

那时的刘半农，觉得自己受的苦实在太多，甚至想为自己写一本传记，但懒于诉说，也就此算了。

艰苦岁月，与友人的情谊渐浓，这种“患难与共”的真实性，大抵是能安慰他那颗饱尝苦涩之心的。

殷殷深情，首创“她”字

说刘半农在汉语言方面颇有建树，至今仍令人赞叹，是有据可依的。他在这方面的代表性作品，首屈一指的即是那首传诵至今的《教我如何不想她》：

天上飘着些微云，
地上吹着些微风。
啊！
微风吹动了我头发，
教我如何不想她？

月光恋爱着海洋，
海洋恋爱着月光。
啊！
这般蜜也似的银夜，
教我如何不想她？

水面落花慢慢流，
水底鱼儿慢慢游。

啊！
燕子你说些什么话？
教我如何不想她？

枯树在冷风里摇，
野火在暮色中烧。
啊！
西天还有些儿残霞，
教我如何不想她？

一句“教我如何不想她”，留下了太多让人遐想的空间，也衍生了很多缥缈无边的美感及无以名状的神秘感。人们不禁会猜测，她？究竟是口如含朱丹，指如削葱根的结发？还是执手相看泪眼，竟无语凝噎的红尘？是关关雎鸠，在河之洲的留恋？还是羽扇纶巾，樯橹灰飞烟灭的瞬间？

她，一个美好的字眼，更是刘半农费尽心思和气力获得认可的成果。在当时，旧社会的气息依然沉重，没有“她”字之说，多用“伊”指代女子。而一些外文翻过来，“她”字多被译成“他女”、“那女的”，读起来既不简洁也不赋美感。试想刘半农“教我如何不想她”，如果变成“教我如何不想那女的”，岂不是贻笑大方！

刘半农的思维如一片辽阔的蓝天，片片白云便是他灵动的思想，清晰可见，悠远深邃。而每一片云朵又都是不一样的，各有各的形状，恰似他不愿因循守旧的思想。

敢于创新，在那个特别的时期是不容易被认可的，刘半农深知这个道理。对于“她”字，在提出新字之前做了深入的思考：一方面他觉得女性的第三人称没有一个标准的称呼，使用起来不方便，阅读起来也没有美感；而另一方面，女性的地位应当提升，尤其是“他女”这种旧翻译，赤裸裸地充斥着旧社会的味道，女人只是男人的附属品而已，这也是刘半农极为反感的。

曾经有一首《村的歌集》中有《怅惘》一诗：

伊有一串串的活儿，
想挂在伊底眼角传给我。
伊看看青天上的白雁儿，
想请他衔了伊底心传给我。

这是一首意境极佳的诗，但读起来不禁觉得别扭，而类似的例子不胜枚举。

刘半农是个胆大心细的人，生活中如此，文学中亦是。他不喜欢按部就班，却乐于探索新的思想和新事物。当然也是因为学识丰厚，才有了创新的基础。

果然不出所料，“她”字的出现，掀起了文坛的一阵热烈讨论。几乎在同一时间，出现了很多反对的声音。在上海《新人》杂志刊登上，曾经有一篇署名为寒冰的《这是刘半农的错》的文章，寒冰认为“她”字的出现多此一举，并且举出一些让人难以驳倒的例子。

当时用“汝”表示你的意思，而“我”和“汝”尚无阴阳之分，创造出来的字和“他”字读音又相同，造新字实属多余。

此类言辞种种，毕竟文坛的人都擅长咬文嚼字，千百年传承下来的思想不容易被改变，根深蒂固的习惯不是一下子就能完全取缔的。单单一个新颖的想法，若没有强大的说服力，也很容易被驳得哑口无言。

这倒激发了刘半农的斗志，更加坚定将“她”字坚持到底的决心。他是一个内心强大的人，纵然有太多风雨，心中总一把坚实的大伞，也许这就是他的信仰和坚持。

虽然反对的声音多，却也有一批文人力挺刘半农，如上海《时事新报·学灯》有一篇孙祖基的《她字的研究》，就为刘半农的研究做了很多补充和详解。

而寒冰则第二次发表文章《驳她字的研究》，都是用非常直接的方式否定了刘半农的想法。这样一来，文人们的“口水之争”明争暗斗，在当时的影响也不小，“她”字的问题也逐渐被世人关注和讨论。

文章中，寒冰的言辞毫不客气，将矛头直指刘半农，而刘半农则坦荡地说：“我要向寒冰君说：我很肯认错；我见了正确的理解，感觉到我见解错了，我立刻全部认错；若是用权威来逼我认错，我也可以对于权威者单独认错。”其言外之意，是寒冰的这些指责的话说得毫无根据，自己坦坦荡荡，有理有据，毫无避讳。

彼时，刘半农身在伦敦，他对自己引发的文坛之争自然不敢掉以轻心，认真研究了那些反对之声的原因，并做好记录。

这一时期，文坛中有太多具独立思想之人，也有太多循规蹈矩、裹足不前之人。这也就决定了，一个新思想的出现往往是难以实现的。哪怕仅仅是一个“她”都很难立足。能经得住各种声音的抨击，各种思维的质疑，各种交织杂错的讨论，不仅要有严谨的理论和说服力，更要有他人的认同和支持。

而当时，胡适等人也反对“她”的出现和使用，认为还是用“伊”和“那个女人”更为合适。

刘半农在国外也未获清闲，他搜集大量资料，阅读古今相关文字方面的文献，写出文章——《她字问题》，郑重提出了自己的观点，有力驳回了寒冰的文章，更加深入地思考和探讨“她”字：

> 她说，他来了，诚然很好；不过我们总得要等她……若依寒冰君的办法，只能用一个“他”字，他说，他来了，诚然很好，不过我们总得要等他……若依胡适之先生的办法，用“那个女人”代替“她”，则为“那个女人说，他来了，诚然很好，不过我们总得要等那个女人……
>
> 意思是对的，不过语气的轻重，文句的巧拙，工作的烦简，就有些区别了。

1920年8月，刘半农再度进行了有理有据的研究，联系到现实生活，从实用性细细阐述了“她”的重要性，其论述生动而有道理，让很多反对者也不得不暗竖大拇指。

是时，刘半农一番思量，索性又造了一个“牠（即它）”字用来称谓无生物。如此，男性，女性，无生物的称谓都可有固定的第三人称称谓。

同年9月4日，刘半农顺水推舟，在伦敦创作了一首白话诗，即是广为传颂的《教我如何不想她》，将“她”字首次写入作品。言辞唯美，情真意切，一时名噪，加之被赵元任谱曲之后，不仅是读者乐于传颂的诗，也变成了歌者乐于传唱的歌。

音乐的力量实在巨大，尤其在年轻人中间，此歌流行甚广。美妙的音乐，唯美的歌词，“她”很自然地走入了人们的生活。在人们的意识里，“她”不单单是一个新字，更是一种美好和希望的象征。

当时的鲁迅也是按照家乡风俗，惯用“伊”字，其在《忆刘半农》中说：“‘她’字和‘牠’字的创造……现在看起来，自然是琐碎的很，但那是丨多年前，单是提倡新式标点，就会有一人群人‘如丧考妣’，恨不得‘食肉寝皮’，所以的确是‘大仗’。”

尔时，“她”已历经万难，骄傲地站在时代的巅峰，宣告着一种新生事物的胜利。

“她”字最终被收入字典，名副其实地成为女性的第三人称称谓。这不仅是一个新字，也体现着对女性的尊重。

而刘半农的那首《教我如何不想她》，还有一则笑谈藏在其中。赵元任的夫人在北京女子文理学院任教，那时候女学生都很喜欢这首被谱成歌的白话诗。后来，刘半农接掌该学校，女学生争先睹其真容，满心希望是一位风雅人士，潇洒斯文。结果一见到真人，发现竟是一位穿蓝布袍子的老头，实在大失所望。

刘半农获悉情况后，非但没有因这些女学生的议论生气，反倒作了一首有趣的打油诗自嘲：

> 教我如何不想他，请来共饮一杯茶。
> 原来如此一老叟，教我如何再想他。

轻松、活泼、幽默、智慧的刘半农，依然气宇轩昂！

教我如何不想她？这首白话情诗刚刚出现之时，刘半农口中的“她”究竟是谁？这留下了一个美丽的问号。他并没有特别解释，留给了读者和歌者一个无限想象却又猜不透的谜。

细细想来，当时深处伦敦留学的刘半农热切地期待着回国的日子，国外虽有更开放的学术环境，但这仍不抵故乡一抔热土的气息，毕竟那里没有家的味道。

也许，正是对祖国、对家乡的殷切思念，刘半农才怀揣着无限衷肠，将那相思情感赋予了“她”。

自然，“她”更容易让人想到美好的爱情。刘半农一生专情，“她”或许是他在青涩年华中那份难以释怀的美好。

当然，无论是浓烈的爱国之情还是甜蜜的爱情，这首诗都饱含着刘半农的殷殷深情，其幻化成了一种新的期待在人们心中定格，延续。至此，无论是不是刘半农的“错”，这个“错”都是美丽的。

添丁进口，窘困之境

刘半农的大女儿，名叫刘小惠，性格更像父亲，骨子带着一种韧劲儿。小小年纪，就像个大人一样，刘半农甚是喜爱。之所以为女儿取名为小惠，是因“惠”字里面有父有母，说明这个宝贝女儿是两人爱情的结晶。

小惠自小便是男孩装扮，这受制于当时刘半农家乡的封建思想。此时身在伦敦，也终于可以还其真容了。

或许是“男孩子气”惯了，小惠也颇具男孩性格，做事风风火火，有一种闯劲儿，可骨子里却透着小女孩的天真可爱，实在惹人疼惜。

刘半农曾在小惠周岁时为其特意写了一首诗，名为《题小惠周岁造像》：

你饿了便啼，饱了便嬉，
倦了思眠，冷了索衣。

不饿不冷不思眠，
我见你整日笑嘻嘻。
你也有心，只无牵记；
你也有眼耳鼻舌，
只未着色声香味；
你有你的小灵魂，
不登天，也不堕地。
呵呵，我羡你，我羡你，
你是天地间的活神仙！
是自然界不加冕的皇帝！

显然，这是第一次做父亲应有的心理感受——激动、感动。望着襁褓中的婴儿，那张可爱的小脸如同天使般美好。刘半农享受着家庭的温暖，对妻女也更加爱护、疼惜。

在从北京去英国的时候，刘半农也曾犹豫是否带上妻子和女儿小惠，可他更加不放心把她们母女留在国内，他难忍异地而生的相思之苦。

留学期间，日子虽过得苦些，他内心却有一个支撑理想和信念的点，这点是家庭。家给予了刘半农无限的力量。

小惠是个特别招人喜欢的小姑娘，当时刘半农一家租住的房子楼下有一位心地善良的老木匠，老人对小慧很好，总给她一点面包或水果。

每每老人做木匠活计，小惠就在一边捡木屑玩。安静的小院里，不时传来一阵阵欢快的笑声，恰是一幅温暖人心的画面。

可这一切，在刘半农眼中，却不见得有多温馨。本该是宠爱有加的宝贝千金，这刻却同他遭受这般艰苦生活，他觉得很对不起女儿。

有一次，小惠想吃煮鸡蛋，结果刘半农答应了一个礼拜却都未能实现女儿这小小的愿望。投稿被退，刘半农想想女儿可怜巴巴地在窗前等爸爸带好吃的回来，再想想她那可爱的小脸，心如刀割一般。

诸如此类的压力一波波袭来，可并没有将他击垮，他将这些愁绪都托之于诗中：

一盏雨点打花的路灯，
淡淡的照着我的门。
门里面是暗着，
最后一寸的蜡烛，
昨天晚上点完了！

又是一首白话诗，仿佛在无奈中更包含了一丝绝望和崩溃。“最后一寸的蜡烛，昨天晚上点完了”，贫穷的日子，他连女儿简单的愿望都实现不了，此时甚至连写文章用的蜡烛也已燃尽，那到底是怎样的一种生活？

一次，赵元任携妻子杨步伟不远万里看望辗转至巴黎的刘半农一家，手上虽有地址，可夫妇二人还是大费周章，却仍寻不得。当时刘半农家所居之地的整条街的房子都比较密集，二人正苦于难寻之时，看到不远处有一个小女孩站在那里。

这小女孩不是旁人，正是小惠。她古灵精怪地看着赵元任和杨步伟，瞪着大眼睛问道：是不是找我爸爸？

听小惠一说爸爸是刘半农，赵氏夫妇万分激动，不住地摸着小惠的头。小惠带着他们去市场买了些菜，竟像个女主人一样询问杨步伟有什么想吃的，可以特地准备。杨步伟说喜欢吃海鲜，小惠就买了一些价格适中的海产品。杨氏夫妇看着小惠在市场上选菜、砍价，那聪明干练的模样完全不是小孩子，惹得二人好不喜欢。

小惠宛若一个精灵的小丫鬟，家中琐事都能很好地处理。她知道，母亲要照顾弟弟妹妹，故此格外懂事的她几乎不让父母操心。

赵氏夫妇在小惠的指引下来到刘家。眼见了房子，不禁一惊：房间很窄，一张桌子，几把椅子和一个专门记录声浪的留声机，足见生活的窘困。那时的刘半农可谓家徒四壁，他还打趣地介绍了一下自己的“叫花子窝”。

他们一起研究探讨了关于声调的实验，赵元任夫妇对刘半农的研究很有兴趣，也一起做起了研究、实验，并与之探讨了很多语音学方面的问题，三个人相谈甚欢，而聊到国外的生活，刘半农只是无奈地耸耸肩。

除了小惠，刘半农还有一双儿女，他们是在一家人初到伦敦不久出生的。刘半农给孩子取名字时“就地取材”，将“伦敦”两字一分为二，儿子叫刘育伦，女儿叫刘育敦。

彼时的刘家多了两张嘴，开销自然更大。同赵氏夫妇诉说这一切时，刘半农只能苦笑。得了空闲，他把从国内带去的柳条包拆成两截，经一番修整，最后成了两个简易的摇篮。

对那时的刘半农来说，生活的疲累还来自于哄那新生的儿女。他曾经在哄两个孩子入睡时作诗一首，名为《奶娘》：

我呜呜地唱着歌，

轻轻地拍着孩子睡。
孩子不要睡，
我可要睡了！
孩子还是哭，
我可不能哭。

我呜呜地唱着，
轻轻地拍着；
也不知道是什么时候了，
孩子才勉强地睡着，
我也才勉强地睡着。

我睡着了
还在呜呜地唱；
还在轻轻地拍，
我梦里看见拍着我自己的孩子，
他热温温的在我胸口睡着……

“啊啦！”孩子又醒了，
我，我的梦，也就醒了。

他不能哭，但是他真的想哭，他觉得没有比他更苦的人了，其他中国留学生多数只身一人，他则要挑起 4 个人的重担，加上学业的负担，很难想象当时的刘半农到底经历了一场怎样的身心磨砺。

在上课之余，刘半农开始疯狂写诗、写稿，期冀赚取更多的稿费。他宛若一台机器，不分昼夜，夜以继日地运转。如此高负荷的工作，刘半农终难支撑，病倒在床。

妻子朱惠一边照看孩子，一边照顾丈夫，辛苦难当。懂事的小惠挺身而出，主动帮母亲分忧，这让夫妻俩颇感欣慰。

刘半农日子清苦，这让曾经那个注重形象、衣着干净整洁的他不复存在了。彼时，生活把他折磨得尽显老态，头发也几个月才能理一次，为此，傅斯年经常笑他丢人："你还不去剃头！头发长到这样长（言时以手置顶上高尺许），把中国人脸丢完了！"

友人打趣，刘半农自己也不忘自嘲，他也特地写下了一首打油诗：

> 不入红流不绿流，乌灰一老未为羞。
> 读书自恨半瓶醋，击壤还成四两油。
> 每怪九冬犹烂脚，敢夸三月懒修头。
> 临风片纸聊相报，松懈犹如杨小楼。

日子难度，刘半农唯苦中作乐方可一解心中万千愁肠。这，大抵属于民国那个非常时期，文人的独有悲哀吧。

思乡心切，眼泪成诗

那一时期，刘半农早先盘算的是到欧洲留学一年半，先到英国伦敦大学学习，接着是法国，最后是汉堡大学或柏林大学。只是，最终却超出了一年半，而原定时间是三年半。究其原因，生活的穷迫让他不得不延长留学时间，这些身不由己的理由令其头痛不已。

异国他乡，饱经苦痛，刘半农身在国外，身处一个全然陌生的环境，寂寥之际，自然满目尽是苍凉。幸好家人在身边，否则他不敢想象自己是否会崩溃。

眨眼几年已过，他却无时无刻不惦记着自己的祖国、家乡。

刘半农的家乡江阴，乃滨江小城。此地历朝历代亦是名人辈出：徐霞客、周水平、吴研因、祝丹青……如此来说，江阴真可谓是一个人杰地灵的宝地。

刘半农喜作诗抒情。文人大多如此，当心中有情时，一切事物都得以升华，一摊平静的水，一株普通的花，一片蓝蓝的天，在他们的笔下都被赋予鲜活的生命，立刻变得活灵活现。

刘半农喜欢美景，喜欢置身于让人忘记烦忧之地。他留恋江阴的一草一木，一花一石，故乡的寸寸土地都镌刻在了他的脑海中。

只是，故乡这片热土，因了历史环境，注定不会平静。1911年，震动全国的辛亥革命在这里发生，“乱机遍地皆是，如处火药库上，一触即发”，南京当即燃烧起革命的烈火，此地也被冠上革命的标志。

从楚秦王气，到六朝古都，从金陵情怀，到陪都建康；从开明之城，天国风云；从博爱之都，到故都重生……南京经历了太多的风云变幻，沧海桑田。来到这里，既能够感受到大明朝的悠然自得，也能观赏到秦淮河畔的清秀风景；既能感受到革命的刚强烈火，也能感受到秀美的风光旖旎。这里，曾有无数人在这里殒命，也有无数颗灵魂在这里雄起。

刘半农是个文学界的奇才，在新文化改革中也担着重要角色，或许他传承了江阴人的柔中带刚，向往新事物及美好未来的特质，这一切都在他的诗中尽表：

得不到她的消息是怔忡，

得到了她的消息是烦苦，唉！

沉沉的一片黑，是漆吗？

模糊的一片白，是雾吗？唉！

这大的一个无敌的火焰窟，

浇下一些儿眼泪有得什么用处啊，唉！

这是刘半农的《三唉歌》诗，句句表达了其心中对祖国的担忧。他曾说过："到了1924年下半年，我就没一天不做着回国的梦了。"他恨不得博士答辩赶快结束。

刘半农留学期间，创作的热情不减，除了偶尔的"摇篮曲"和自嘲之外，他亦有真正的创作，虽然很多文字琐碎、平淡，可也真真切切地记录着他的点滴情感。

他曾于家中作一首名为《无聊》的诗：

阴沉沉的天气，里面一座小院子里，杨花飞得满天，榆钱落得满地。外面那大院子里，却开着一棚紫藤花。花中有来来往往的蜜蜂，有飞鸣上下的小鸟，有个小铜铃，系在藤上。春天徐徐吹来，铜铃叮叮当当，响个不止。

花要谢了，嫩紫色的花瓣，微风细雨似的，一阵阵落下。

诗中，淡淡地感叹着时光的飞逝，感慨人生的莫测。也许在此时，刘半农的思绪自由地飘在空中，他也只能以这种方式偷闲地寄托一下自己的愁思。

一首小诗，虽没有华美的辞藻，没有婉转的修饰，言辞间却透露着他的情真意切，于细节处当真可见真情。这才是真正的刘半农，直抒胸臆，不掖藏，不暗指。

刘半农自是想念国内的生活，平淡而惬意，而在陌生的国度，连舒服地看看风景都是难得的。

辛亥革命后，虽然遗留了后患，可毕竟中国已经旧貌换新颜，很多有识之士以笔为武器，开始了新一轮的战斗。只因他们内心对中国有着共同的热爱，尽其所能贡献自己一份微薄的力量。

刘半农与他们一般无二，他努力，不仅仅源于对个人利益的追求，也是为了他日为国出力。

心存高远才能行走四方，身在国外的刘半农，清苦的日子已耗去他多半精力，可他始终关注着国内的动态:《新青年》的发展情况，国家局势的变动，北京大学各种文化的风起云涌……在关注国事的同时，他全心研究语音学。

刘半农清楚，以史为鉴可以知兴替，彼时的中国不再是君王统治的国家，也不是因循守旧、封建制度封闭民众思想的国家，而是逐渐变得生动、活泼、充满新能量和新思想的国家。

巴黎求学，结缘文物

初到巴黎，穷且益坚

在伦敦，一切生活刚刚走上轨迹，刘半农便打点行装再踏他途，只为自己的一腔热血。此番，他按照预定的计划来到了法国巴黎。

法国的国家图书馆藏书颇为丰富，当地的生活水平也比英国低一些。故此，前后细致思量一番，刘半农携妻带子于 1921 年 6 月举家迁至法国巴黎，他进入巴黎大学继续学习。

在伦敦，刘半农学的是语音学原理，到法国后，涉足的是实验语音学领域。

初到巴黎，刘半农甚觉新奇，法国图书馆的藏书果然令人吃惊，此地也成了他汲取各地精华、提升自身综合实力的圣地。

巴黎的生活费比伦敦便宜，可这种便宜仍让刘半农一家的生活时而捉襟见肘，妻子和孩子已经很久没有穿新衣了，虽然每件旧衣服十分干净。此时的小惠，早已跨过了独自在街上淘便宜货的“行家”的阶段，她也可以算支撑刘家的中坚力量了。然而，孩子的懂事也只是在家务上帮衬，到底解决不了实际问题。

刘半农曾向朋友诉苦，他在信中说：“我近来的情形，真是不得了！天天闹的是断炊！留学费也欠了数月不发……我身边有几个钱，便买个面包吃吃，没了便算。”

刘半农实在难熬，可他的毅力令人钦佩，携家带口，漂洋过海，在如此艰苦的环境中依然坚持探索和学习，这种精神在当时的社会大环境下本身就难能可贵，更别说他仍笔耕不辍了。而他能如此坚持，还有另外一个原因。

在法国的中国留学生亦不少，为了让生活不至于那么拮据，这些学生通常会找一份兼职。当时工人的工资很低，每天 20 法郎，日用就要扣除 10 法郎，剩下的积攒起来也不过 300 法郎，而一个月的学习费就需 500 法郎左右，如此计算，做工挣的钱只是杯水车薪了。

劳累了一天，已是头昏脑涨，四肢无力，哪还有气力再学习？即使硬着头皮在精神极度萎靡的状态下学一些，效果也是可想而知的。

这是刘半农的一个年轻学生告知于他的，那个学生既要上课又要打工，有时恨不得自己能有“分身术”。

除了年轻学生，还有一些人比起刘半农更显狼狈，比如蔡和森和陈毅，他们因参加了抗议活动而被驱逐回国。就连参加谈判的赵世炎也受到了惩罚，连护照都被没收了。

与他们相比，刘半农还能安稳地过着平凡的苦日子，似乎应该算是幸运的了。在那样的复杂和艰苦环境之下，他把心态放平，投入了自己的实验研究之中。

在巴黎，刘半农认真考察了欧洲的语音实验室情况，并撰写《创设中国语音学实验室的计划书》寄回国内，其中说明了欧洲的具体情况。那时，汉堡大学的仪器最为先进，位居第二位的则是巴黎法兰西学院；美国的很多研究语音的仪器要比欧洲先进很多；而伦敦大学实验室则相对简单。刘半农权衡利弊，一一举例说明。计划书中，还详细罗列了购置仪器所需的种种费用的数额。

此外，刘半农十分用心，还专门写信给陈独秀等人，抱怨他们不给自己寄《新青年》了，其更于1921年9月给胡适写信：

> 六月前接到你寄给我的《新青年》，直到今天才能写信说声："谢谢"，也就荒唐极了。但自此以后，更没有见过《新青年》的面。我寄给仲甫许多信，他不回信；问他要报，他也不寄；人家送东西给我吃，路过上海，他却劫去吃了！这东西真顽皮真该打啊！
>
> 听说你害了多时的胃病；近来看报，说你到上海考查商务印书馆的编辑部，知道是你病好了：这是个可喜的消息。
>
> 启明也病着，不知好了没有。这一年，可算得"文人多病之秋"了！你何以不努力作诗？我老实警告你：你要把白话诗台的第一把交椅让给别人，这是你的自由；但白话诗从此不再进步，听着《凤凰涅槃》的郭沫若被闹得稀糟百烂，你却不得不负些责任。

刘半农在谈正事的时候也不忘了幽默一下，实在乐观至极。但他却是没有办法，总不能带着落寞的情绪写信，让远在国内的友人为自己担忧吧？

当时刘半农很不好过，留学经费三个月未发，他希望胡适能帮自己和学校反映情况，只是北京大学的经济状况也不是很好，各类开销已大得惊人，周转实在困难，国外的留学生费用也就无暇顾及了。

其后，刘半农又给胡适写了一封信，谈及语音实验室的问题：

> 但是有一件事情要你出力帮忙。我今天向蔡先生提出一个《创设中国语音学实验室的计划书》，想来你不久就可以看见。这是我万分希望他成功的一件事，曾向蔡元培当面说过，他很赞成。但他虽赞成，还要经过种种的会。所以我要恳请你，也替我特别卖些力气，使他早日有些成议，我真感激不尽了。
>
> 你能写个信给我吗？我给你请安。
>
> ……

为了争取蔡元培和胡适的意见，刘半农也算煞费苦心。他这种眼光长远的建议和计划在当时那个年代难能可贵，他并不是单纯地在留学，即使生活贫困潦倒，还一直在为国内文化的发展做着不懈的努力。

对当时的刘半农而言，这些能称之为“精神食粮”的东西若再被剥削，他当真难以再熬下去。

生活贫苦，刘半农何尝不想改变现状？当时，也有很多国内人士留学的情况艰难，陈延年和陈乔年就是半工半读的状态。刘半农颇为羡慕，可毕竟人家是“一人吃饱，全家不饿”，自己的情况却复杂很多，有家人要照顾，没精力做一份长久的兼职。

索性，苦日子就让它去苦，刘半农抖擞精神，决定安心搞研究，多出一些作品。那会儿，细心的他对“京腔”进行过一番研究，并创作了《国语问题中一个大争点》这篇文章。

他赞同“国音乡调”，而对“京调”不赞成，“调”指的是四声的意思。这些想法提出来以后，遭到很多人的质疑，毕竟各地的发音均有不同，很难做到统一。最终，《国音字典》将音的问题解决，但是词和语法的问题都没有解决。可无论怎样，刘半农能做如此之大的学问，也是出类拔萃的。

他曾说："学问即爱好，爱好即学问。"诚然，他的爱好较为广泛，诗歌、民歌、语音……这些爱好与之一起漂洋过海，不曾消殒。而这些爱好，也都慢慢地被他做成了独属于自己的学问。

其实，刘半农觉得没有必要将中国各地方自己的方言统一，语言本身就有它的独特性和美感，每种方言都是一种文化符号。如果都统一，何来求同存异的文化？

刘半农对民歌的喜爱是似天高、似海深的，比如，他曾经为了搜集民歌走遍了江阴诸地，而他也仅仅把这当成一种爱好、乐趣，而非一项工作。

他喜欢写作，但只把这些有触动的琐碎记忆写成小诗，或者研究性的文字，他从不写日记，即使学校有这样的要求。他觉得，写成诗歌能为读者留下更多的想象空间——其实他是不愿意承认自己懒得动笔。

不过后来，归国后的他也不得不应北京大学对留学生的要求开始写一些游记、日记了，一些琐碎的文字，他有心无意地都会记上一笔，有时自己读起来都会觉得很无趣。可时间一长，这一习惯倒是保持下来了。

至1927年时，《海外民歌序》在刘半农的笔下诞生。他的风格近似于胡适，且都喜用白话文。

《海外民歌序》，顾名思义，即是他国的民歌。刘半农研究民歌，自然不能只看国内了。在写《海外民歌序》时他言："我既然是个爱赏歌谣的人，自然不能专爱本国的，有时还要兼爱国外的。当我在国外的时候，虽然自己没有能就地采集歌谣，而五六年中所搜罗到的关于歌谣的书籍，也就不在少数（当然，现在还继续着搜罗）。”

善于观察和搜集，使得刘半农的《海外民歌序》内容丰富、气势磅礴。

刘半农在巴黎的生活依旧继承着伦敦的模式，而其在创作上却渐入佳境，这令其渐忘贫困，踩着自己的梦想曲调一路向前。

刻苦研究，四声实验

刘半农在留学期间，所称作品之中，最有名的莫过于《四声实验录》，为了这一作品，他付出了太多心血，而这一成绩也让他蜚声文坛，也算劳而有获了。

《四声实验录》是刘半农在巴黎留学期间创作的。在汉语中，语音是汉语研究中的一个需要攻克的难关，许多学者在这一领域都未能有突破性的研究。而刘半农“明知山有虎，偏向虎山行”。

受制于每个地方的语言的不同，有的地方是四声，有的地方是五声，甚至八声，各有特点，参差不齐，故此研究难度很大。刘半农也是在搜集了大量资料，做了无数次实验，考察了很多地方，付出了常人无法想象的辛苦，最终才写出了《四声实验录》。

为了学习更多语音学方面的知识，1922年，刘半农一家人辗转去了柏林。刘半农之所以选择此处，是因实验语音学首创于德国，此地的水平首屈一指。

的确如此，德国的语音实验很先进，这对刘半农语音实验有巨大的帮助。原本，他以为可以在柏林好好研究一番，借鉴先进的经验为自己的实验增添依据，可当时柏林的签证管理很严，不允许他长期停留，为此，他不得不将学习的时间缩短。

彼时的德国，在经历了第一次世界大战后，一切显得萧索不堪，通货膨胀十分严重，但物价很低，这倒是很对刘半农的口味。他想着，学习完以后购置一些便宜的生活用品，这可以省下不少钱。让他大失所望的是，德国的关税制度十分严格，买了东西也不能带回去。这下，他的如意算盘落空了。

当时，刘半农为了实验研究，签证到期了也没有离开，而是开始“东躲西藏”，托人找一些偏僻且低廉的房子住。他还打趣地说，这样的地方很适合自己的经济情况。

德国的经济状况极不乐观，刘半农却很能适应，他租住的房子的女主人十分友善可亲，待刘半农一家人如自己的亲人一般，故此他们一家过得十分惬意。

在这里，他甚至感受到了家庭般的温暖，身在异国他乡，这种亲切感自然是久违了的。

刘半农在离开德国的时候曾作诗一首：

> 大战过去了，
> 我看见的是不出烟的烟囱，
> 我看见的是赤脚的孩儿满街走！

刘半农用三句小诗表达着自己的心情，他看见德国的大部分孩子都光着脚走路，悲天悯人的情绪不禁油然而生。他曾上前询问，孩子的父母却说让孩子这样走路是为了健康，而事实上，德国每况愈下的经济形势已经说明了一切。

刘半农在德国的收获很多，心灵上的，思想上的，还有实验带来的。驻足停留的时光，总是让他有更多的思考。

虽然只住了短短 3 个月，但他心里却有满满的充实感。而回到法国，所有的一切又都恢复了原貌。更糟糕的是，住的地方被房主租出去了，刘半农一家瞬间没了“根据地”，他不得不重新开始了“找房”的日子。好在他对周边比较熟悉，很快租到了一个距他的大学很近的地方。

小惠也不得不转学，此后每天都和父亲一起“上学”。

奔波的日子虽然辛苦，但只要有收获，刘半农就觉得欣慰。一家人也因他的积极向上而变得坚强起来。

刘半农在声调方面的研究仍在继续，这是一个考验人耐心和毅力的工作，需要无比的细致和认真。即使这样，却也未必能大获全胜。可大家不是又说，保持着最原始的奋斗精神，有一天定会喜获幸福人生呢?

刘半农与胡适交情笃深，也很欣赏他，其在连载的《四声实验录》中言：

> 我们中国人向来不注重语言的教育，所以语言的能力比较薄弱。就我朋友中说，语言最干净，明白，有层次，有条理，而声调的高低起落，又恰恰合度的，只有三个人：胡适之，马夷初，康心孚，心孚可是已经死了。此外，似乎无论任何人都有点缺点。最普通的是话说不出时，“这个这个……”的不了，而某先生的“仿佛”，某先生的“似乎”，某先生演说二十五分钟有了一百五十九个“然而”也别有风趣！

这里所说的“某先生”指的是胡适，刘半农觉得胡适的声音好听，但这只是他个人的观点。事实上，外界对胡适批评的声音不绝于耳。刘半农却乐于按照自己的思维行事，他认定有可取之处的，就一定要表达出来。

在创作完《四声实验录》之后，他还写了一篇引言，为后人的研究打下了良好的基础，或者说掘出了一眼珍贵的泉。

《四声实验录》所实验的方言，其实不仅仅限于四声，四声只是一个统称而已。

从研究的地域方面来看，此书包括北京、南京、长沙、武昌、广州、江阴、旌德等，涵盖了 12 个地方的方言，可谓内容丰富。

从研究的专业角度来看，此书详细地说明了"声浪"、"音的长短"、"音的本质"，书中还有很多数据图、五线谱等让人一目了然的研究。理论和实践方面都有严谨、权威的篇章，且讲得丝丝入扣、入木三分。

当然，由于条件所限，《四声实验录》也有一些问题：由于一些物理原因，许多声调曲线和实际并不能完全符合。技术、调类也存在一些瑕疵，但这些错误的存在并不影响这部作品在中国实验语音学上的地位。而后期出现的《博白方音实验录》、《临川音系》也都是依据刘半农的方法来确定读音的。

《四声实验录》，刘半农在其中的确灌注了大量心血，这是一部非常权威的学术著作，开辟了学术界在声调领域的新篇章。

对于自己的作品价值，刘半农一向很谦虚。傅斯年曾说，四声是汉语研究中的大问题，刘半农能以此大问题入手，悉心研究、实验，其意义系非凡的。可刘半农却言："这是个局于一方的小问题。"此足见其谦之又谦的品格了。

刘半农知道，语音学还有很广博的知识领域有待于开拓，俗话说，“前人栽树，后人乘凉”，《四声实验录》不是语音方面的终结，只是一个奠基石而已。

刘半农孜孜不倦、严肃认真的求学精神，对当世及后代人都有巨大影响。《四声实验录》更为我国语音学做出巨大的贡献。

敦煌掇琐，初识文物

在欧洲留学，刘半农的眼界的确不是在国内时可比的。国外的先进文化和先进思想，给他带来了前所未有的欣喜和求知欲望。除了致力于语音研究，这一时期的刘半农更在文物方面有了新认识，并开始着手研究了。

在刘半农的一生中，蔡元培所扮演的角色极为重要，所起的作用亦是不言而喻的。他的威望和名誉都很高，而且爱好亦是颇广，同时又是思想家、美学家，著有《蔡元培美学文选》等作品。留学多年的他，思维积极开阔，对美学有着浓厚的兴趣，更推崇将美学融入教育。

1912 年时，其发表的《对于教育方针之意见》，便把美育融入教育之中，开辟了先河。他在北京大学任校长，提出“兼容并包”的教育理念。其为教育不断献计献策，鼓励大学生朝向“德智体美”的方向全面发展，同时要注重人格和个性的培养。

在北京大学，院系老师和学生都非常尊重他，因他不仅个人修养极高，生活勤俭节约，公正廉洁，在师生之中亦能树立良好榜样，更在于他为北京大学的改革创新开辟了一条新路。

与这样的人为伍，亲近者自然就受益匪浅了。而说到文物保护，刘半农最初即是受到蔡元培的影响。

1920 年时，一次偶然的机会，蔡元培赴欧美考察文物时叫上了刘半农，同行的还有很多其他留学生。众人一同参观了各国所藏的属于中国西北典藏的文物，不禁感叹国外居然蕴含着如此之多的中国文化载体。当时，他们认真研究调查了斯坦因探险家所获敦煌文物的背景和价值。

蔡元培的日记中曾写道：

> 午前携刘君半农、傅君孟真（即傅斯年）往观不列颠博物院，访齐勒君，见示敦煌石室中所得古写本。

其时，刘半农和蔡元培说了自己想要去巴黎的学习计划。一方面，巴黎的经济水平要比英国低一些；再者，他可以再去抄敦煌古写本，一举两得，何乐而不为呢？蔡元培对刘半农的想法表示支持。

敦煌，一个无比神圣而神奇之地，多少人感叹敦煌的文化博大精深，多少人想探索出它承载的无数历史和精彩故事。楼兰韵味，莫窟情怀，诠释着艺术的唯美和敦煌文化的深奥。

1900 年时，敦煌莫高窟中“藏经洞”的发现，打开了世界研究“敦煌学”的大门。有多少人愿意陶醉其中，感知历史文化的熏陶，又有多少人觊觎着里面的宝藏，日思夜想？

曾有这样一句话，“敦煌在中国，敦煌学在国外”，此意即是中国对敦煌的研究远远晚于国外。显然，这是让中国学者蒙羞的说法。敦煌在中国，中国人没有先一步研究，却要让外人来研究。可经由时代的发展，人们的认识也有了新的提升——“敦煌在中国，敦煌学在世界”，敦煌学应该是全人类的骄傲。

当时，欧美很多国家在敦煌文化上都已经有很成熟的研究。法国、日本、美国、英国、苏联及印度都对敦煌学有着不同程度的研究。

以法国和日本为例，早在 1908 年，两国便有研究人员到中国敦煌石窟进行了详细的考察，抄录石窟上的文字，也一并带走了很多珍贵文物。

此外，还有专门研究敦煌佛学的学者，他们陆续出版了很多著作和文集——其中包括《敦煌经卷图录》、《敦煌石窟图录》、《巴黎国立书馆所藏伯希和敦煌写本丛书》等作品。

日本对敦煌文化的研究同样很重视，并侧重于文书方面的研究，出版的作品亦都具有很高的水平，比如《西域文化研究》和《讲座敦煌》，在日本均有极高的地位。

中国的文化，不仅让他国捷足先登，而且还流失了很多珍贵物品，着实令有志国人感到心痛和愧疚。幸而，随着新中国的不断发展，国内的研究者们也不断探索、前进，在敦煌学研究方面亦有了突出的成绩。

刘半农在巴黎学习期间，为了充实自己在这方面的知识，不惜精力抄录了在巴黎国家图书馆所藏我国敦煌写本中的内容，此举为国内研究文物的学者们提供了珍贵的材料。

在抄敦煌写本时，刘半农也对敦煌文化有了更全面的了解。他感叹着老祖宗留下的艺术瑰宝，仿佛自己在莫高窟中神游了一番。

刘半农奋笔疾书，恨不得把这些东西全都抄下来，但苦于时间有限，精力有限，也只能把自己认为最有用的东西誊下。有时抄写文字累得手腕生疼，他亦是咬牙坚持。

是时，刘半农看了很多国外的学者对敦煌文化的研究，不禁对他们求学的态度大为敬佩。虽然他对这些人的掠夺行为感到不耻，可他们在敦煌的研究方面的确深刻而全面，这些资料亦都是极为宝贵的。

在偌大的巴黎国家图书馆，深夜里常常只剩下刘半农一个人的身影，一个强大的信念支撑着他绝不能放松。就这样，他始终坚持着，疲惫使他看起来日益清瘦，不再如刚出国时那般强壮，沉重的压力让这个小个子男人脊背渐渐弯曲。

然尽管如此，刘半农依然抱持十分严谨的求学态度，就拿抄书这件事情来说。他将自己抄的内容分为上中下三辑，分别为文学史、社会史和语言史，分类明确，一目了然。

若不是到国外留学，刘半农根本没有机会看到这些珍贵的资料。从这些资料中，他亦是收获了很多意外的惊喜，经文、别字和那个时期人们的书法笔记等。他小心翼翼地把这些东西收藏好，生怕哪一行字从自己的手中“飞”走。

刘半农抄录的中国敦煌写本中，内容繁多，如《五更调小曲》、《太子五更传》、《孟姜女》等，这些都为中国众多学者带来了巨大的福音。

看到自己寄回国的东西有一众有识之士在研究，并发表了研究之后的作品，刘半农深感欣慰。

刘半农在查找的过程中，还搜集了有关文学、民间文艺、历史、语言等方面的资料，涉及的领域和学科非常之多。他整理好之后，悉数寄回国内，这些珍贵的资料为学者们研究提供丰富而可贵的依据，最后整理成文件达一百余件，后因抄录的知识琐碎而繁多，故而命名为“掇琐”。

刘半农所行所举，对我国研究敦煌文化有着难以估量的助推力，他的精神也深深地感染了有志国人。

钟情“语言”，喜获佳绩

一个人关注什么，就会得到什么。对刘半农来说，语音学是他研究学问的最初方向，亦是最终方向，故此他对其十分钟情，而在这一领域的付出，也都为他换来了应有的成绩。

刘半农在做语音学实验时，没有先进的仪器，没有超前的科学方法可供参照，他只能凭借自己的经验和知识，如履薄冰般地使用音尺来记录声音轨迹。

有时候，笨方法和土方法看起来的确不够灵活敏锐，但最后却成为了实现目的的唯一途径，实在让人感叹。刘半农确定研究语音学后，便下定决心，要把语言学的研究深入汉语之中，让中国博大精深的文化基础更加牢固。

而无论什么样的实验，只要与语音学相关，对实验有帮助，刘半农都会尝试。不断地寻求，不断地更换地点探索新知。

1925 年，对刘半农而言是一个非比寻常的节点。5 年不寻常的探索之路，荆棘丛生，刘半农对语言的“感情”坚如磐石，令人心生敬畏之情。

功夫不负有心人，刘半农在国外苦修 5 年之后，在语言学上终于取得不俗的成绩。当然，按照他努力的程度来看，这也是实至名归，他由此成为中国实验语音学的创始人。他把自南北朝以来的中国音韵学通过细致入微的实验和研究，变成了现代科学。

刘半农喜欢白话诗，甚至将其视为生命的一部分，他可以随着自己的心情写出各种风格的诗。只是，就白话诗的音调上，很多人持有不同意见。为了做这方面的研究，他再次做了实地考察，因各个地区语言是有所差别的。

可以说，只要是关于语音的，刘半农总是一马当先，而他在为国贡献心力的同时，也为自己争了一口气。因为那些批他没文凭、资历浅的人，很快就会对他刮目相看了。

对于一个学者而言，平生最大的价值即是研究出某一成果，为社会创造财富。当然，这其中有人成功，有人失败，并非所有漂洋过海留学之人都有出人头地的一天。刘半农无疑是其中的“幸运儿”，但这种“幸运”的背后裹挟着的苦与痛却是鲜为人知的。

几年的光景，刘半农的努力没有白费，无数个艰辛的时刻，他和家人都熬了过去，终而迎来了这即将蜕变、华丽转身的一刻。

刘半农的实验语言学在学术上所获的成就甚高，此外他还潜心钻研汉语声调。有了前面的研究做基础，新方向中的很多相关问题都能迎刃而解了。

1925 年，刘半农带着《四声实验录》、《国语运动略史》和自制的测音仪器参加了考试，这一论文答辩过程持续了长达 7 个小时。“台上一分钟，台下十年功”，他这几年所学，终于在这一天淋漓尽致地展现出来，在场的老师对他的精彩表现连连称赞。

洋老师们对这个中国留学生有如此不凡的成绩和表现难以置信，刘半农的精彩展示获得了极大的认可和好评。他终于用行动证明了自己，也为国人争了一口气。

当时的刘半农在答辩结束以后体力不支，已经虚脱，但这一切都是值得的，因他最终获得了法国国家文学博士学位。

早在 1921 年，刘半农就被邀请加入巴黎语音学会并成为会员，留学伊始，他便有幸参加如此专业型的组织，同各国人才一起探讨交流，这对其后来的成功助力极大。

是时，《四声实验录》的影响越来越大，后来被列为巴黎大学语言学院的丛书，受到学生们的欢迎。

这一年，《四声实验录》获康士坦丁·伏尔内语言学专奖，这是一个在学术界具有很高地位的奖项。刘半农成为首个获此殊荣的中国语言学家，不仅在专业上取得了傲人的成绩，获得学术界的认可，也终于为自己的人生开启了一扇崭新的大门。这一荣誉，也算没有辜负他几年间的辛苦付出及家人的期望。

刘半农一家人自然是欣喜若狂的，这不仅标志着 5 年艰苦生活即将结束，更重要的是，刘半农取得的成功让全家人欣慰。

那时，刘家的三个孩子都已经长大了许多，育伦和育敦都已能自己穿衣服、洗脸了，而在刘半农的影响下，他们较之同龄孩子更显自立。

刘半农喜获佳绩，名声大噪，他的影响力和人气迅速提升，甚至于，“刘半农”三个字在伦敦大学瞬间变成了一种符号。随即，他苦读的经历也被人一再提及。

成功给他带来了无尽荣誉，他深知，若是没有眼下的成就，也许他一生将被埋没，在庆幸的同时，他也十分感激蔡元培的帮扶。

成功是汗水和智慧混合发酵的结果，刘半农自北京大学任教直至当时，从未有丝毫懈怠之意。

五四运动中，涌现出了当代最庞大的一个学者群体，可谓百花齐放，同时也良莠不齐。刘半农能勇敢地跳出“鸳鸯派”，坚持自己的理想，无疑是一个有风骨的作家。他保持着独特的风格，摒弃传统习惯，制订自己的计划并身体力行，实在难能可贵。

尔时，承载满满的喜悦和收货的刘半农，终于可以释放压力，放松身心了，这是他几年来鲜有的轻松时光。

当鲜花与掌声退去，刘半农的心冷静下来，他对祖国和家乡的思念之情日甚。于是，一个顺理成章的决定自然而然出现。他和家人收拾好行李，收拾好心情，准备回到让他魂牵梦绕之地。

风平浪静，乘船归国

1925 年 7 月，刘半农结束了 5 年的留学生活，打理好一切，与巴黎大学对自己有过帮助的老师、教授和一些共同研究实验的同学告别：告别这挥洒了 5 年汗水的地方，告别这实现求学梦想的地方。

当时，刘半农一家 5 口乘坐的是法国轮船——“Porthos”号，轮船驶向苍茫的大海，缓缓地离开了法国。望着轮船后的水痕，昨日就像这溅起的水花一般，留下了美丽一瞬。

水路固然方便，可妻子朱惠晕船。刘半农在买票之前想起了赵元任曾给自己的一个好的建议。当时他买了一张大船的船票，因赵元任说，如果船重高于或等于一万四千吨的时候，就会相对平稳，人的感觉也会好很多。此事已经过去好久，但刘半农依然记在心里，他对妻子的体贴和疼惜让人羡慕。

果然，在归国的途中朱惠虽然也有些不舒服，可比几年前刚来时的感觉好很多。加之心情明朗，一家人其乐融融。望着无际的大海，一切都显得那样祥和。

回想留学的 5 年，刘半农经历了太多，生活的艰辛让他变得越发顽强。若纵观 5 年的全景，总是兴奋多过失落的：孩子们都健康地成长起来，自己的心灵也得到了净化。学位、尊重、成就……一个学者的漫漫学途，一个人的默默奋斗，这一切都劳有所得。

刘半农清晰感觉到，故乡浓重的气息已经越来越近，越来越浓，紧紧地包围住自己。一瞬间，他沉浸在无法自拔的喜悦之中。

刘半农望着茫茫大海，出国时是一家三口，而回返时变成五口，想想也很让人幸福。人丁兴旺，这也是江阴的家人会为之兴奋的。只可惜，朱惠的父亲在他们出国期间病逝，没能亲眼见到女儿一家人的归来。

留学 5 年，贫穷是刘半农生活的主旋律，可这也让他养成了勤俭的好习惯，且对他的思想、生活方式都有很深的影响。其他留学生或许也有相仿的经历，但他们不比刘半农，一个人承受着一大家子的负担，如他自己所说："自有生以来从未罹此奇穷大苦也。"

苦苦奋斗 5 年，而今，终于告别那种生活了。

对于未来，刘半农有自己的规划，心思缜密的他给自己定了几个近期目标，又对未来憧憬一番。霎时，他的事业心无限膨胀，想到未来，内心狂喜不止，一瞬间，他激动得不能自已，遂于船上作诗三首，每一首都寄托着自己的深深情谊。

第一首：

涛声寂寂中天静，三五疏星竟月明。
一片清平万里海，更欣船向故乡情。

第二首《苏伊士运河》：

重来夜泛苏伊士，月照平沙雪样明。
最是岸头鸣蟋蟀，预传万里故乡情。

第三首《Minikoi》：

小岛低低烟雨浓，椰林滴翠野花红。

从今不看炎荒景，渐入家山魂梦中。

无论是月明星稀，还是岸头蟋蟀，平凡的景色已经被诗人赋予生命，彰显出了一片生机勃勃的景象，这几首小诗一气呵成，刘半农想表达的都是对祖国的深切思念。他宛若一个思念母亲的孩子，尽情地诉说着自己的情思，没有一丝隐藏。

刘半农没有豪迈的大手笔，没有放荡不羁的情怀，但是这几首小小的诗歌，尽显了最真实、最饱满的情愫。

当时的国内文学发展情况远不如国外的鲜活，言论自由在一定程度上受到诸多限制，但那里仍是他朝思暮想的归巢。

当一家人抵达终点站上海时，正值瓢泼大雨。船在一点一点前进，重归故土的距离也在慢慢缩短。

亲人们都从江阴赶到上海，热切地期待、守望着刘半农一家人的归来。

亲人相见，热泪相迎。育伦和育敦已经6岁了，见到亲人都还不认识。大家将孩子们抱起来，揽在怀里。一家人终于团聚，没有什么比这一刻更让人欣慰、让人温暖的了。

万家灯火之夜，还有什么比家人团圆更美好的时光？在江阴小城的某条街道，某个小院子里传来大人们的阵阵欢笑，传来孩子们咿咿呀呀的打闹，传来酒杯清脆而有力的撞击声……

江阴，这个充满江南水乡韵味的小城，格调恬静，情怀朴素。“日出江花红胜火，春来江水绿如蓝”是赞江南的好；“春风不解江南雨，笑看雨巷寻客尝”是解江南的情；“未老莫还乡，还乡需断肠”是叹江南的思。有多少人来到这里，就有多少种浓情，而有多少人离开这里，也就有多少解不开的日夜思念。

重归故国，思绪万千

北大任教，自由之魂

刘半农归国，他的落脚地自然是北京大学。

很多人曾评论刘半农“浅”，就如他的白话诗一样。这只是他们感官上的一种认识。刘半农的诗歌没有华丽的辞藻，从来都是直抒胸臆，但这未尝不是一件好事。他的诗歌彰显了他的性格，“浅”也自有浅的道理，“浅”的好处。

刘半农留学多年，学成归来，满载的荣誉让那些流言不攻自破。艰难岁月，悲痛夜晚，都说“男儿有泪不轻弹”，却不知他曾在家人背后默默地流过多少泪。

此时，他在北京大学终于可以扬眉吐气了。

刚回到北京时，他竟有些不适应，毕竟离开了太久。由于暂时没有安排好住处，妻子和儿女都先在老家等消息，他一个人先在孔德学校住下。

这个古韵十足的城市让他念了很久，如今终于回来了。他在公园旁边逛着，此时的心情与当年完全不同。仿佛放下了一个沉重的包袱，时间给了他磨炼，也给了他更多成就。他觉得心里有一种向上的力量，时刻令之斗志昂扬。他已经不是当年那个刘半农了，眼下没人有资格再对自己随便指指点点。

孔德学校是由庚子赔款的退款建起来的，刚到这所学校时，在校长办公室里发生了一件趣事。

当时，地上摆满了旧抄本。刘半农进去后随便翻了起来，校长问他有没有可用的，他找了找几本说："好东西，学校不买我买。"校长马隅卿立马夺过来不肯放手，说："既然是好东西，就得让学校买，不让你买。"刘半农一听，只好无奈地把书给他了。

一小段插曲，足见刘半农影响力之大，其已逐渐成为权威的"专家"，可左右他人所行了。而旁人对他的这种信任，即来源于此时的他已非同凡响了。

1925年秋，刘半农任北京大学的国文系教授，教授语音学，他还同时兼任了中法大学福尔德学院的中国文学系主任，身兼数职的他是当时唯一语音乐律的专家。在经历一番深造之后，他终于可以同其他院系的教授一样名副其实，甚至高人一等。

刘半农的课很受欢迎，学生们上课时都非常认真，仿佛一不留神就会错过什么一样。

久违的课堂氛围，让他重新找到了当老师的那种受人敬仰的感觉。在讲台上授教的刘半农，已经于语音学领域有了丰厚的底蕴、知识，加之国外的留学经历，他更是如虎添翼。课堂上，他还会把一些趣事与学生们分享，寓教于乐，这都令其在学生当中极受欢迎。

走在北京大学的校园中，一切都焕然一新，这也让刘半农在授课上更有干劲。彼时，刘半农的生活仍然安排得很紧凑，并未因留学回来便选择安逸地做一名教授的生活。

刘半农专注于语音室的建设，在国外他便开始协助蔡元培积极筹备此事，回国后他在语音实验室的筹建上更是投入了巨大精力。其多方筹谋，并将自己所学与当时北京大学的实际情况结合在一起。

刚回国内的那段时间，刘半农受到了较高的礼遇。校方在北海公园举行的第三次恳亲会上，刘半农被邀请到现场发言，发表了名为《我的求学经过及将来工作》的演说。不过，其中却并未谈及自己在国外的生活有多艰苦，而是指出了一些方向性的问题。

刘半农说："从这'退避三舍'的事实上，我得到了两个教训：第一是野心不能太大，大了仍不免逐渐缩小；不如当初就把自己看的小些，即在小事上用水磨工夫。第二便是用死的方法去驾驭活事，所谓'扎硬寨，打死仗。'以我这样预备不充分，天才缺乏的人，后来能有些一知半解的结果，就完全是受了这一个教训的驱使。"

刘半农谦虚而幽默，"扎硬寨，打死仗"也是一种"豁出去"的勇气，想着自己苦得直喊穷的日子，自己都不愿意回忆是怎么熬过来的。他着实在研究的过程中尝到了太多苦头。

刘半农还谈了留学时期在选择专业方面的问题。当时，他本想学两门专业课，一是语言学，二是文学。他对文学亦有着浓厚的兴趣，他喜欢诗歌、民俗方面的乐律，从感性的角度来说，这是陶冶性情的"精神食粮"。

只可惜"鱼和熊掌不可兼得"，刘半农不得不忍痛割爱了。

语音学这项研究，是一项巨大而艰难的任务，不仅耗费精力，更会让研究者投入大量时间。幸而，刘半农完成任务的时限不算太长，赵元任对他的评价是："采取硬干的办法。"

刘半农一心扑在实验上，故此在国外留学时很少发表文学作品，因他的大部分精力都放在了语音学的研究上。毕竟好学的心再强烈，精力也是有限的。

而他对四声问题的研究也未曾止步，他决定继续深入研究方言的声调曲线，编写成书籍。他对自己的研究事业有着很高的要求和规划。

此外，刘半农还希望建立一个全面的"蓄音库"，存储所有的音调。这样在检索和使用上就会更加便利，对于语音的研究也一样便利。

对此，刘半农展示出了非凡的决心和毅力，他说："……我们既已要做，就只有向前做的一条路，我们不必去问他几时能做成，我们只需把学问看作我们的坟墓，那么，即使不成功，也就是最大的成功了。"

三言两语，是足见刘半农对语音学研究的坚定态度的。

无论是生活还是事业，刘半农都一样执着，只要是他认为值得的事，就会始终如一地坚持下去，必须得出结果才行。

刘半农很清楚自己的内心所想，将教书与研究学问作对比，他还是更倾向于后者，他乐于一个人慢慢陷入思维运转的奇妙状态之中，享受思维不断撞击出智慧火花时的快感。教书虽然可以桃李满天下，但用他自己的话来说，那就好像是把吃到肚子里的东西排泄出来一样。

这样的形容，想来也只有刘半农说得出，看似粗浅，可道理直达人心。毕竟年复一年，肚子里的东西说来说去也就腻了。

幸好他与一众同道者组织了“数人会”，这令其可以更畅快地与众人一起研究，岂不快哉？

“数人会”，是一种聚餐方式的学术讨论会，一次，刘半农与钱玄同、顾劼刚、魏建功等人聚在一起谈论国语统一之事，大家各抒己见，经过一番商讨，最后决定编写一部《中小字典》。是时，窗外雷雨交加，屋里人却在昏暗的灯下激烈讨论，彼此的思维相互碰撞，这份改革创新的精神实在令人肃然起敬。

也即是由这次开始，大家决定每个月都举行一次“数人会”，选取固定的时间和地点，继而形成一种模式，众人一起研究。

“数人会”在当时并不是什么正式的组织，只能算是有识之士自发而成的机构。当时的选址在杨步伟的诊所里，环境一般，但大家毫无怨言。

在家庭中，刘半农也是个惜福之人，虽然文人气息很浓，但他更注重实际，更务实。这一点，也被张学良看好。

张学良担任东北大学校长期间，为学校所做的贡献车载斗量。他注重对学校资金的投入，教师的工资也颇高，有了良好的经济基础，学校的发展和运转自然顺畅。

而那首朗朗上口的校歌，便是他专门请刘半农书写的：

白山兮高高，黑水兮滔滔；
有此山川之伟大，故生民质朴而雄豪；
地所产者丰且美，俗所习者勤与劳；
愿以此为基础，应世界进化之洪潮。
沐三民主义之圣化，仰青天白日之昭昭。
痛国难之未已，恒怒火之中烧。

东夷兮狡诈，北虏兮矫骁，
灼灼兮其目，霍霍兮其刀，
苟捍卫之不力，宁宰割之能逃？
惟卧薪而尝胆，庶雪耻于一朝。
唯知行合一方为责，无取乎空论之滔滔，
唯积学养气可致用，无取乎狂热之呼号。
其自迩以行远，其自卑以登高。
爱校、爱乡、爱国、爱人类，期终达于世界大同之目标。
“使命如此其重大，能不奋勉乎吾曹，能不奋勉乎吾曹……”

1928年，中国国内形势紧张，张学良冲破日本重重桎梏，宣布东北易帜，服从国民政府，国家在表面上达到了统一。张学良痛恨日本人，也因此引来了日方的极大不满和憎恨。

刘半农满怀激情地为东北大学写了这首校歌，歌词情真意切，将其对年轻人的厚望和鼓舞淋漓尽致地展现而出。他写得铿锵有力，非常符合张学良的心意。后来，这首校歌由赵元任谱曲。当时，此歌被很多爱国青年所喜爱和传唱，也成为校歌当中的经典。

抵御列强，救护文物

彼时，重返国土的刘半农将来参与一项大事——保护文物，这场“大战”令其终生不忘。

安德思是美国著名的探险家，在中国和蒙古多次考察，写出了很多作品，如《在中国的宿营和行踪》、《穿过蒙古大草原》等，他的足迹遍布中国和蒙古，曾有很多惊人的发现。

在1925年之前，安得思的考察团到了中国三次，对中国这个地大物博的宝地进行搜寻。他们十分贪婪，挖空心思觅宝，终于在天山挖出了恐龙蛋的化石，还有恐龙的骨头。

按理说，这样一个探险家是值得敬佩的，可在刘半农眼中，他只是一个学识一般、靠着在中国挖出的宝藏而后大肆宣扬自己的“混混”而已。

1925年，华尔纳率团队对中国敦煌文化进行二次考察，又一次以考察探险的名义对中国文化予以剽窃和盗取。而这次，他们竟然想将西魏石窟中的所有壁画都剥离，然后带走。这是中国人坚决不允许的！中国文物保护组织再一次提高警惕，准备随时迎接来自美国人的挑战。

彼时，刘半农已经起身归国，沈兼士将此事以信件方式大致告诉了他。刘半农还在轮船上，看到这个消息也是心急如焚。可之于一介文人而言，他又能如何呢?

当时，美国考察团打着考察的名义，故此不好直接把问题摆在台面上。经过一番研究后，大学研究所国学门沈兼士、马叔平等人决定，让陈万里参加考察队，这样就可以时刻了解他们的行动，起到监视的作用。或许正是出于有中国人加入的原因，最终美国考察团将此次敦煌计划搁置了。

事实上，美国探险团对亚洲的觊觎不仅于此。

1928年，美国探险团到蒙古进行挖掘，这也是他们的第4次考察，且是秘密行动的——中方对于安得思的探险防不胜防。中国也不再纵容，随之采取防护措施：是年，以刘半农为首的10余人被聘到古物保管委员会，古物保管委员会是一个比较正式的、具有行政职能的国家性质的组织，形成了系列的制度措施，是专门保护文物，防止中国文物受到国外的破坏和盗取的部门。

为什么老祖宗几千年来积累的财富要被外人如此无情地掠夺？1860年，八国联军对中国的金银财宝和文化遗产进行了无可估量的破坏，现在回想，仍让人心痛、愤怒。

刘半农的爱国精神一直在胸腔中熊熊燃烧着，对古物的保护，回国以后更加强烈。文物维护会在1928年8月时向美国自然史博物馆中亚考察团表示了强烈的不满，在舆论上给予指责。刘半农认为，安得思这种行为就是盗窃，极为可耻。随即，他的“骂文”又大大方方地出现了。

安得思的行为触怒了国人，也正是由于他的到来，中国文物保护组织才变得更加完善。

这一次，安得思有些招架不住，因为中国不仅对其进行舆论攻势，还向察哈尔政府致信，请求将他在亚洲“拿走”的东西扣留。这样一来，安得思就不得不与文物维护会正面交锋。

最后，在10月份时，双方达成了《处置安得思先生一千九百二十八年在蒙古所采标本之办法》的协议，安得思将所得文物的二分之一留下，另一半还是被带走了。

其实就这个结果本身来看，中国对安得思很宽容，并做出了很大的让步。可尽管如此，安得思却并没有善罢甘休之意，回国以后没有安歇，不停地煽动美国的舆论界批评中国古物保管委员会的行为，他本人还批评中国古物保管委员会阻止他的人是“中国人不懂科学的表示。”他想通过多种方式大肆渲染，造成声势，迫使中国方面退步。他们“得了便宜还卖乖”的行为，令国人十分恼火，中国古物保管委员会也坚决不肯让步。

1929年，安得思竟派遣代表到中国继续找麻烦，代表们与刘半农、马叔平、翁文灏进行谈判，目的是要中方答应他们进行第5

次探险的不合理要求。刘半农等拟定出《中华民国教育部古物保管委员会与美国纽约自然历史博物馆中亚古生物考察团协定草案》，可这些代表们却视而不见。

此事越闹越严重，最后已经上升到国家间的问题。美国国务卿和中国驻美公使的代表在华盛顿将此事放在桌上明谈，可悲的是，驻美公使伍朝枢将此事转交到国民政府外交部部长王正廷手中，王正廷妥协了，与美国站在一起，称中国要放宽限制，尊重美国考察团。这种行为遭到古物保管委员会的强烈不满，他们坚决不肯让步，对之既失望又愤怒。

王正廷的妥协，没有让美方尝到甜头，无论怎样都未能说服。最终，安得思与中国古物保管委员会马叔平在团城签署了协定草案，在这一事件上，中国是占了些优势，也达到了初始目的的，实在难得。

对中国文物虎视眈眈的，其实不只有美国。

1929 年，中国阻止了雪铁龙与斯坦因对中国的文物的浩劫。

当时，法国“雪铁龙横穿亚洲考察队”兵分两路向中国挺近，相约在新疆喀什噶尔会合，然后一起去塔里木盆地“寻宝”。计划周密而谨慎，简直滴水不漏。

但是，这件事情一定要经过中国，否则难以实现。中国接待了由探险家哈特派遣的卜安，随后又是一次长时间的洽谈，最后双方达成协议，并且派代表签订了《中国学术团体协会为组织一九学术考察团与法国代表卜安订定合作办法》，将考察活动时间安排在 1931 年，稍后延迟了一下。

同年 4 月底，英国的斯坦因骗取了一份旅行护照，却醉翁之意不在酒。斯坦因来之前就做了详细的计划和行程，其行动十分隐秘，目的就是不被文物保护组织发现。

然而到了最后，他还是没有得逞，古物保管委员会终于还是得到了斯坦因来中国的消息，并马上采取了应对行动——请求政府阻止斯坦因到中国考古的行为。如此，哈佛大学和大英博物院资助的斯坦因，终在政府义正词严的谴责下被迫出境回国了。

不过，考古的风波并未就此罢休。

一心护国，厉声斥“黑”

1931年，在中法考察团里又发生了一件令人不愉快的事情。中方队员郝景盛被卜安殴打，事情一发生，引起了中国人的强烈不满。在中国考察，原本国人已经做了让步，然对方竟然得寸进尺，出手打人，这成何体统？

中国的队员都纷纷退出了考察团，回到北京之后，在报刊上愤怒地披露了卜安的劣迹，对他粗鲁的行为表示愤慨，这对中国的伤害是无法弥补的。

在此期间，刘半农也同样愤怒，发生殴打事件之后，他马上请求政府同意中方队员离开考察团，不再遭受此等侮辱，并希望政府保护。

中方考察团的其他人员也一样怒火中烧，严厉指责了卜安的行为，这足以影响两国关系。而法国参赞韩德威却为此事做了无理的辩解，丝毫没有愧疚之意。

随后，刘半农写下《质问法使馆参赞韩德威先生》的文章，在《世界日报》发表。在文章里，刘半农毫不留情地怒斥了卜安，质问参赞，言辞鞭辟入里。而卜安不以为意，因为他背后有法国驻华公使馆参赞韩德威撑腰，故而没有半点悔意，更别提道歉了。

最终，在这一年 7 月，考察行动取消，此源自于国内的呼声实在太大，法国也承受不了来自中国的质问。

令人意想不到的是，不久之后，法国考察团再度来到中国，因为王正廷对国内提出了要求，允许法国重新入境考察，不得阻拦。

委员会的人员怒火万丈，却又无能为力。王正廷袒护卜安的行为令人愤懑，身为中国人不与同胞站在一条战线上，反而“吃里爬外”，不断妥协，让人难以忍受。

刘半农等人据理力争，想尽一切办法表达不满情绪，更直接要求他们取消本次考察行动。几经周转，最终，在刘半农和古物保管委员会的努力下，塔里木盆地又避免了一场浩劫。

可见，对外国考察队觊觎中国文物之举，当真防不胜防啊！

在那个时代，文人能挺直脊梁为国出头，实在难得，这需要多大的勇气和胆识？可想而知。刘半农每次都站在国家利益的角度，更是常人所不及。而其护国之举，亦是比比皆是的。

在辅仁大学当教务时，有一次在饭桌上，他听到马叔平说有一个外国人自称在审定古物方面很有研究，并要捐助 5000 元，但交换条件是，以后殿中的文物都要以他的名义来审定。刘半农闻听，愤怒而起：“我们中国人不稀罕洋鬼子那几个臭钱，中国的瓷器凭什么让他来审定？还他那几个臭钱！”

愤怒归愤怒，其实刘半农也心知肚明，外国人对中国古物的考察，也对中国考古文化做出了巨大贡献。

外国觊觎国内文物，刘半农奋力抗争，而国内一些人对于“外人考察推动国内考古文化”之事的不解，他也会直面而视。

1934 年，考试院院长戴传贤特意向中央研究院发出消息：“为保存古墓古迹，培植国民道德，请一致禁止学术团体随处发掘，以免破坏民族历史云。”

这封电报将蔡元培排在了第一位，意在指责他应该全力阻挡外国人来中国发掘古物，当然，电报中还写了很多人，不过主要的矛头指向了蔡校长。

为此事，蔡元培也专门回复了一封公开信加以说明：外国的学术研究机构来中国考察也是推进中国考古文化，而那些破坏只是个别人的行为，也有监管不严的问题。保护历史文化是一定的，但不能盲目排外。

蔡元培说得很有道理，行政院的议案也站在了蔡元培这边。

刘半农听闻戴院长指责蔡元培一事，心中很是不平。虽然外国考古队的确给中国带来过损失和麻烦，可毕竟这是利大于弊的。

事实上，刘半农能有此思量，是因戴院长本人“不合时宜”。戴传贤有着不太入流的性格，吃斋念佛，脱离现实。就在他担任了考试院院长之后，还建了一座叫“考试庙”的庙宇。他的办公室旁边建了一座佛堂，故此经常在里面招待来访的和尚。“考试庙”布置得更是富丽堂皇，如此不务实的院长，说出来的话又如何能让人信服？况且是一些本无道理的言辞。

刘半农于公于私，都会站在蔡元培一边。戴传贤不分青红皂白乱发言辞，令刘半农感到极不舒服，他特地作诗一首来表达对戴传贤的不满：

赫赫院长，婆卢羯帝！
胡说乱道，上天下地！
疯头疯脑，不可一世！
那顾旁人，皱眉叹气！

南无古老世尊戴传贤菩萨！

南无不惭世尊戴传贤菩萨！

南无宝贝世尊戴传贤菩萨！

刘半农说他“疯头疯脑，不可一世”，真是直言不讳，没有一丝委婉的味道。而他之所以这样说，还是另有其因的。

1931年“九一八”事变发生之后，戴传贤却在太和殿启建金刚法会，身为堂堂校长，应该有很强大的号召力和影响力去做一些实际的守护祖国的行为，可他却把心思全部用在了他的佛堂之中。

其时，刘半农也参加了他这次万人大会，心中尽是无奈和不解，他回去便写道：

……

到了九一八以后，以戴先生所处的地位，以戴先生自命为日本通的一块招牌，总该有一篇两篇惊天动地的文字发表才是：若应降，便畅畅快快的主降，若应战，便畅畅快快的主战。这种主张若不为政府所容纳，戴先生便该挂冠而去，以国民资格与政府作文字上及事理上之抗争，甚至为党部开除党籍，为政府下令通缉，亦在所不惜，这才无负于他那一块日本通的招牌，这才无负于他当年武松般的勇气。然而可惜，我们的戴院长竟不肯这样做：他只是浮萍般的，在“长期抵抗”亦即永不抵抗的波浪上飘；岂特飘而已矣，他还进一层，追随着一般愚夫愚妇而自为领袖，希望借着佛力挽回华北的劫运……

刘半农的文辞间，透露着对戴传贤种种行为的不满。而这一次他与蔡元培的事情，又一次挑起了刘半农的怒火：

> 戴先生原口中所说的掘墓，只举了“人民之私掘小小无名坟墓”和学术界的“公然掘墓”两种，而对于军阀们的公然发掘大大有名坟墓竟假装不知。冯玉祥在河南，曾设了税局提倡古玩商人刨坟取物；孙殿英曾发掘东陵；最近三五年中北平附近一带的名坟，已为托庇于某人的奸商们发掘将尽。

刘半农言辞大胆，他身为古物保管委员会的委员，一直与那些窃取中国文物的恶势力做斗争，一直都竭尽全力地为中国的文物贡献着自己的力量。此等大义，是俗人万不可及的。

何典之音，众所纷纭

《何典》是一部清朝时期的作品，是一部借着鬼神的讽刺、骂人小说，出自张南庄之手。此书言语上尽是俗语俚言，读起来生动好笑，写作风格自然是活泼生动的。

刘半农能发现这本书，也是一个偶然。

1926年，他在逛书摊时买下了《何典》，买时倒并没有太当回事，以为只是一本普通的小说而已，便随手放在了某个地方，都没有空闲时间阅读。

一天，二弟刘北茂看到这本书，读得津津有味，后来竟忍不住哈哈大笑。在与刘半农闲聊时，他说这本书有吴稚晖的风格。听到这里，刘半农赶忙将《何典》夺过来细细品读。果然，《何典》语言通俗幽默，而不失讽刺意味，光描写的鬼就有40多种，活鬼、死鬼、雌鬼、形容鬼、老鬼、酒鬼、催命鬼、饿杀鬼、野鬼、色鬼、冒失鬼、冤鬼、大头鬼等，有些听着都会让人有脊背发麻的感觉。

书中有很多的人物关系，而理顺故事情节却并不难，因其中的故事能深深地抓住人的眼球，真是一本难得的佳作。此书内容契合度高，连贯性好，刘半农对之不禁啧啧称赞。

这种风格的确符合吴稚晖的文风，刘半农顿有如获至宝之感。

吴稚晖曾经和刘半农说过，他的文章风格是在小书摊上学到的，那本书的开头便是“放屁放屁，真正岂有此理。”为此，大家都在寻找这本书，有《岂有此理》，还有《更岂有此理》，但是都不是吴稚晖说的那本小书，因没有那两句“至理名言”。

刘半农当时还不相信，此时看到《何典》，再与吴稚晖的文章一对比，发现简直如出一辙。此前，刘半农亦是苦苦寻找很久，也没有找到哪本书是吴稚晖所说的那种，此刻却这样不期而遇。他当即断定，就是这本《何典》给吴稚晖带来的灵感和启发。

《何典》在语言上虽然流里流气，不入主流，但能将不同风格的语句无缝衔接，读起来朗朗上口，在深度和风格上还是流落着大家风范的。

这种看似低俗的东西，实际上如果不具有较高的文学素质，没有很深的文学功底，也难以自如地掌握这些词汇量和语言技巧。

能把世间万物观察得如此细致入微，并用自己的语言系统对事物予以准确描绘，既有普通低俗的插科打诨，也有令人咋舌的精彩片段，其实这是很了不起的。此足以说明，作者不仅是有丰富的阅历，更有不凡的理解力和创造力。

这样的好作品，刘半农怎能轻易放过？标点校注之后，他马上交到书局出版。

他十分用心地给《何典》做了广告，精心地描绘了这本书的亮点之处，他觉得会有很多“慧眼”盯上这本书，他甚至开始有些激动和欣喜了，继而在《语丝》周刊上发表了很多言辞渲染，他甚至还请鲁迅写序。

鲁迅同样对这本书兴趣浓厚，但又不知道在哪能买到此书，刘半农便送了一本样本给他。鲁迅十分高兴，并应了刘半农的请求，做了短序：

> 《何典》的出世，至少也该有四十七年了，有光绪五年的申报馆书目续集可证。我知道那名目，却只在前两三年，向来也曾访求，但到底得不到。现在半农加以校点，先示我印成的样本，这实在使我很喜欢。只是必须写一点序，却正如阿Q之画圆圈，我的手不免有些发抖。我是最不擅长于此道的，虽然老朋友的事，也还是不会捧场，写出洋洋大文，俾于书，于店，于人，有什么涓埃之助。
>
> 我看了样本，以为校勘有时稍迂，空格令人气闷，半农的士大夫气似乎还太多。至于书呢？那是：谈鬼物正像人间，用新典一如古典，三家村的达人穿了赤膊大衫向大成至圣先师拱手，甚而至于翻筋斗，吓得“子曰”店的老板昏厥过去；但到站直之后，究竟都还是长衫朋友。不过这一个筋斗，在那时，敢于翻的人的魄力，可总要算是极大的了。
>
> 成语和死古典又不同，多是现世相的神髓，随手拈掇，自然使文字分外精神；又即从成语中，另外抽出思绪：既然从世相的种子出，开的也一定是世相的花。于是作者便在死的鬼画符和鬼打墙中，展示了活的人间相，或者也可以说是将活的人

间相，都看作了死的鬼画符和鬼打墙。便是信口开河的地方，也常能令人仿佛有会于心，禁不住不很为难的苦笑。

够了。并非博士般脚色，何敢开头？难违旧友的面情，又该动手。应酬不免，圆滑有方；只作短文，庶无大过云尔。

原本，刘半农指望着以鲁迅之文为《何典》增光添彩，却未曾想到，这个短序让自己不开心了。鲁迅毫无避讳地说自己“士大夫气似乎还太多，空格令人气闷”，这种批评让刘半农心里有些不舒服了。

当时，在鲁迅眼中，刘半农的文字风格还存在很多问题，而对于这些问题，他从来不会回避，而是直接指出来。

两人均是直爽性格，眼睛里容不下一点沙子。鲁迅在《题记》和《为半农题记〈何典〉后作》都显出了批评的味道，刘半农的心情自然受到了影响。搞文字的人不免都会有傲骨，自尊心也强，一旦受到一点伤害，便难以弥补。

经历了这番不愉快之后，刘半农在送鲁迅《何典》时都没有题自己的名字，以无声的方式表示不满，但这样也使误会越来越深。不过，尽管如此，刘半农对鲁迅还是心生敬意的，并不至于达到决裂的地步，只是他们之间的关系较之前来往疏远了很多。

面对无数的质疑声和批评声，他专门发表了一篇文章做出了解释。

刘半农总是会引起轩然大波，因他从不是按部就班地搞文学创作，而是想另辟蹊径，与众不同地出现在世人面前。在与常态不符的情况下，自然容易引来一些不同的声音，而刘半农也是在这些争议中体现出自己的价值的。

扬鞭长啸，唇枪舌剑

脍炙人口的作品之所以受人青睐，是因那些精华能流到读者心里，刘半农的文章虽不是篇篇出类拔萃，也有很多受到非议和质疑，但他创作的脚步从未因此停止，而诞生于他之手的精彩作品亦是不在少数。

其实，刘半农不能完全算一个诗人，有时，他的诗歌天马行空、思维跳跃，普通人琢磨不透，也很难懂。

比如他那首《牧羊儿的悲哀》：

他在山顶上牧羊，
他抚摩着羊颈的柔毛，
说“鲜嫩的草，你好好的吃罢！”
他看见山下一条小涧，
急水拥着落花，
不住的流去。
他含着眼泪说，
“小宝贝，你上哪里去？”
老鹰在他头顶上说，
“好孩子！我耍把戏给你看：
我来在天顶上打个大圈子……”

有些人觉得这首诗写得很精彩，轻松自由，思维开阔，有大家风范。而乍一看，真的不知他想要表达些什么，傅斯年就曾直接说不知道他写的是什么东西。

1926年，刘半农的《扬鞭集》出版，分为两卷，因第一首诗中有一句“扬鞭出北门”，故而诗集定名为《扬鞭集》。诗集的第一卷是反映旧中国的黑暗现实，第二卷主要写的是国外的生活，揭露西方制度的腐朽与黑暗。

这本诗集把他十几年来写的诗歌都收集在一起，汇聚了他的心血。

刘半农默默耕耘，大胆尝试，不在乎他人言语。有时候想到什么写什么，信马由缰，豁达随性。他一直探索、创作，也不畏惧谁的眼色，更不会为了谁的奉承而沾沾自喜。在他的脑海中，始终有自己的创作主见，不会为了谁的评价而动摇。

关于白话诗的音节问题，他也一直在探索，虽然没有一个完美的结果，但他就如一个寻宝人一样，总在低头看路。

刘半农曾这样评价自己：“在诗的题材上是最会翻新鲜花样的。当初的无韵诗，散文诗，后来的用方言拟民歌，‘拟曲’都是我首先尝试。”

同期作家张秀中说，自己非常喜欢刘半农的《教我如何不想她》的写作风格，情真意切，感情充沛，他给予了这首诗歌很高的评价：

> 他的诗从《教我如何不想她》进入佳境，所举的中卷的五首都到完美地步，《铁匠》和《牧羊儿的悲哀》两首，虽然也够得上诗，有诗意，但总嫌工具的运用不大自由，然只因为他笔下灵活，流露着诗意罢了……刘诗的短处和弱点，便是表现得不深刻，浓烈力强，色彩上总是淡一些儿。

显然，张秀中也不全都是溢美之词，他认为诗歌应该是富于美感的，即使美感稍弱了一些，也一定要有精彩之处。

刘半农的诗歌“烦冗和无关的叙述过多”，无重点亦无亮点，读起来令读者不仅对作者想表达的意图不明朗，有时甚至是含糊不清的，他又说：

> 诗是能够歌咏的，不是要把一件事的首尾告诉人们的，要写出精彩之处，捉住要害之点，减去烦冗和无关的叙述，所以才能有含蓄，才能起兴，刘的诗在这种地方似有缺点……

此仍是辩证之词，负面的评论只是针对刘半农的某些作品而言，想来，张秀中若没有认真地研究过刘半农的作品，也不会有如此全面的评价。

作家苏雪林对刘半农的诗歌也有过很高的评价：

> 好像听见过一段话“我所见三个具有天分的诗人，一个是俞平伯，一个是沈尹默，一个是刘半农。”前二人的作品我读的很少，不敢冒昧同意，至于刘半农先生在“五四”时代新诗标准尚在渺茫之时，他居然能够打破藩篱掘去町畦，贡献一种新鲜活泼的风格，而且从容挥洒，谈笑自如，没有半点矫揉造作之态，不是天分过人，何能如此？

沈从文对刘半农的作品也有自己的观点：

> 他（刘半农）有长处，为中国十年来新文学作了一个最好

的试验，是他用江阴方言，写那种方言山歌。用并不普遍的文字，并不普遍的组织，唱那为一切成人所能领会的山歌，他的成就是空前的。一个中国长江中下游农村培养而长大的灵魂，为官能的放肆而兴起的欲望，用微见忧郁却仍然极其健康的调子，唱出他的爱憎，混合原始民族的单纯与近代人的狡猾，按歌谣平静从容的节拍，歌热情郁怫的心绪，刘半农写的山歌，比他其余的诗歌美丽多了……

在此援引《扬鞭集》内的两首诗歌：

天上起运云重云，地下埋坟坟重坟；
姣妹洗碗碗重碗，姣妹床上人重人。

大姐走路笑笑低，一对奶子翘翘底；
想用手摸一摸，心中虽是跳跳底。

沈从文就一个方向来说明，刘半农的诗歌里亦有低俗淫秽的内容，让人读起来会很不自然。而在这方面，他倒是觉得其表达得很婉转，很有技巧性。

当然，沈从文并不一定欣赏这种诗，只是说明通过刘半农文法的复韵和叠字等技巧，令一首诗歌变得颇具内涵且不太低俗，境界也提升了一个档次。这才是他的独到之处和难得之处。

对于刘半农的《扬鞭集》，很多文人都有自己的见解，不论是夸赞还是恶语，甚至有很多评价是刘半农也没有想到，但这都是对他的一种关注，那些评价也会成为敦促他在诗歌之路越走越远的一种动力。

刘半农对此的态度一向平稳，他曾在《扬鞭集》中自序道：

> 我可以一年半年不作诗，也可以十天八天之内无日不作诗，所以不作，是因为没有感想；所以要做，是因为有了感想肚子里关剎不住。
>
> ……
>
> 请别人评诗，是不可靠的。往往同是一首诗，给两位先生看了，得到两个绝对相反的评语，而这两位先生的学位技术，却不妨一样的高明，一样的可敬。例如集中《铁匠》一诗，尹默、启明都说得很好，适之便说很坏；《牧羊儿的悲哀》启明也说很好，梦真便说"完全不知说什么。"

刘半农这种"想说什么就说什么"的性格成就了他的作品，诗如其人，他从来没有扭捏的姿态，每每直抒胸臆，无论他人是否喜欢。

无论是赞同与否定，认可还是质疑，这也总归是他人对此的一种观点和想法而已，并不代表一种决定性的结果。众口难调的道理刘半农懂得，就如当年"她"字的出现，曾经让多少人绞尽脑汁地去反驳，而最终还是他的坚持获得了胜利。

刘半农所追求的并不是一种单纯的胜利，而是无穷无尽的创新思维，他的作品也从来不是为了取悦谁而作的。

《扬鞭集》，付诸了刘半农很多心血，而从旁人的评议上，是可看出他文学之路是充满荆棘的。他经历过无数次挑战，亦收获了无数的经验。在北京大学被同行排挤，出国留学又吃了那么多苦头，这些都是他一生受用的。

刘半农的文学之路，与之经历息息相关，正所谓文人之所以能有触动人心的作品，也正是因作品的灵魂让人动容。

惨案巨响，瓦釜回音

1926 年，发生了一件大事——大沽口事件。

当时，日军炮火猖獗，开始进军天津大沽口。大将军冯玉祥的国民军发起反击，要求撤掉国防设施。

李大钊召集爱国人士进行了抗议活动，发表了演说《国民革命歌》。很多团体、学校都参加了此次游行，刘和珍气势昂扬地带领学生冲在队伍前面，负责指挥和发放传单。

段祺瑞下令朝人群开枪，刘和珍和杨德群都死在了这次游行当中，二人都系鲁迅的学生，鲁迅得知这一消息，万分悲痛。

这一事件，便是“三一八”惨案。当时对段祺瑞的说法也是众说纷纭，有人说他已经答应了列强的无理要求，也有人说他只是奉命镇压游行队伍的气势，开枪不是他的本意。不管怎样，有识之士的死亡是事实，此次事件也在历史上留下了一道深深的伤痕。

这被称为“民国以来最黑暗的一天”。鲁迅伤心莫及，刘和珍是他的学生当中非常优秀的一个，系南昌女士师范学院的一名大学生。刘和珍生前经常阅读《新青年》，受到新思想的影响，积极踊跃，先进活泼。作为女大学生，勇敢地冲破学校的校规，不畏镇压，开启新时代女性新思想的大门，可称之为当时女性中的魁首。

彼时，紧张的形势笼罩着整个北京城，一切都变得阴森恐怖，仿佛血流成河只在一瞬之间。到处充斥着不和谐的气息，枪声、血迹、灰尘……

当时情况危急，事态严峻，刘半农携家带口到刘天华家避难，一家人惶恐不安。“三一八”惨案让刘半农心痛，痛得难以自拔，为此，他作了一首诗，名为《呜呼！三月一十八》，而这首诗后经谱曲之后成为歌曲，广为人知：

呜呼！三月一十八，
北京杀人如乱麻！半天黄尘翻血花！
晚来城郭啼寒鸦，
悲风带雪吹！
地流赤血成血洼！
死者血中躺，
伤者血中爬！
呜呼！三月一十八，
北京杀人乱如麻！
养官本是为卫国！
谁知化作豺与蛇！
民贼大试毒辣手，
高标廉价卖中华！
甘拜异种作爹妈！
愿枭其首籍其家！
死者今已矣，
生者肯放他?
呜呼！三月一十八！
北京杀人如乱麻！

其时，受制于形势严峻，刘半农在作《呜呼！三月一十八》之时并不敢使用自己的名字发表，便另取了一个笔名。他的《瓦釜集》里收录了江阴民歌十几首，故此取名“瓦釜”，给人以无限想象的空间，更寓意着他想用新力量打破陈旧的声音。

这一民歌集收录了他在1920年和1921年作的很多诗，且经过了大幅删减，而他每减去一首诗歌的时候，都有一种剜心之痛。

当时写了60余首诗歌，刘半农在选入作品集时自然要好好斟酌一番。每一首诗读起来都触景生情，每一首诗都有他独特的感情。最终，他只留下19首，这些算是精华中的精华了。

其中有一首《瓦釜集·开场的歌》写道：

一只雄鹅飞上天，
我肚里四句头山歌无万千。
你里若要我把山歌来唱，
先借个煤头火来吃筒烟。

一只雄鹅飞过天，
江南江北远茫茫。
我山歌江南唱仔还要唱到江北去，
家家买把箬帚，送把东村王大郎。

刘半农始终坚持以新的思想推翻旧的事物。虽然《扬鞭集》“差评如潮”，但毕竟也有懂得他苦心的读者知己。而对于该作品是否要再受“责难”，他在《代自序》中有了解答：

> 中国文学上，改文言与白话，已是盘古以来一大奇谈，何况方言，何况俚调！因此我预料《瓦釜集》出版，我应当正对着一阵笑声、骂声、唾声的雨！但是一件事刚起头，总得给人家一个笑与骂与唾的机会。

刘半农的作品太多了，被读者骂的也太多，这也足以证明其作品所受关注之多。

不忘初心，方得始终。刘半农书写了很多反映劳苦大众的民歌，他是“要试验一下，能不能尽我的力，把数千年来受尽侮辱与蔑视，打在地狱底里而没有呻吟的机会的瓦釜的声音，表现出一部分来。”

刘半农不仅在诗歌的形式上敢于创新，在内容上，也敢于写别人所不敢写的。

《扬鞭集》里的《山歌》和《瓦釜集》里的十八首诗歌都是用江阴方言拟成，包括“短歌”、“农歌”、“劳工的歌”、“悲歌”、“女工的歌”、“船歌”、“渔歌”、“滑稽歌”、“失望的歌”、“情歌”、“牧歌”等。

刘半农对此极为用心，对不同题材的山歌进行分类，家乡最底层的生活被其描述得淋漓尽致，十分生动，这也是他作品的精髓所在。

刘半农的《瓦釜集》出版以后，还发生了一件趣事。有一个笔名叫“渠门”的人给他写了一封长信，他刚开始读信的时候，以为又是一段冗长的“骂”，但没想到内容却是“山路十八弯”。

此人竟然用了欲扬先抑的方法，大篇幅地批评和否定，实际的目的则是为了夸赞刘半农“敢写”的精神。刘半农读完信，感叹这位读者和自己开了一个大玩笑，他将这封来信原封不动地推荐到报刊上发表。

“渠门”开始先引用刘半农的诗歌：

我十七十八正要偷，
哪怕你爹娘咽勒脚跟头。
大麦上场壳帐打，
韭菜逢春匡割头。

还有一段十分经典：

山歌要唱好私情，
买肉要买坐臀精，
摸奶要摸十七八岁莲蓬奶，
关嘴要关弯眉细眼红嘴唇。

然后写道：

半农先生，你真太胆大太不顾人类，至少是中国人的面子，你竟敢把我们这般被性的冲突笼罩着的青年男女，心中藏着不敢说的话，一齐写出来。你究竟是何居心？可惜孤桐先生，已不坐在穷冷的教育部的公案之上来打你五百屁股！

上面所引两首歌，你还可以推是舟夫“唱的”，你不过是抄录而已。但是下面的几首歌呢？……男子们这种不合礼教的，淫乱的心理，因为爱一个生理上稍有不同的女子，就这样

“下贱”，连自己的田也愿意荒，连竿也愿意替人家打，得不到好处就聊以自慰地像个小偷似地看看人家的门缝里的灯火，听人家唱唱歌引以为满意。你今日敢这样写出，你也一定是这种“下贱”男子之一，而且还有煽惑其他“高等”男子向“下贱”这条路上走的嫌疑。所以你在《瓦釜集》中，提倡淫化，败坏礼教的罪名是判定的了。

第二是你故意提倡赤化，故意激动那些生就贱骨头的劳动者，去反抗那些神圣的残废式的资产阶级……

洋洋洒洒一大篇，说得毫不留情面。用词没有任何避讳，让人不得不联想到这是一个血气方刚的少年。后来得知，此人来自南方，是偶然在书摊上读了《瓦釜集》。

书信的前面大有“质疑”的味道，可最后却有很大的反转，其实他对刘半农是十分欣赏和肯定的，如“你是在中国文学上用方言俚调作诗歌的第一人，同时也是第一个成功者。”

还有，“你在阴方言与‘四句头山歌调’两重限制之下，而能很自如地写一些使人心动的情歌，使人苦笑的滑稽歌，使人不忍卒读的女工歌，使人潇然神往的车夜水歌，你的颇大的文艺天才，使我不得不承认是一个诗人”。

这番赞誉是极高的。刘半农以自己的坦率和真诚赢得了很多忠实的读者，自回国以来，更是不断在文学上掀起层层巨浪，他已是无人不知无人不晓的红人。

1923 年时，留学的刘半农写过一本《海外民歌》，这本民歌集是其从一本英国书籍中翻译出来的，一共有五首诗歌，内容俱佳。他当时寄给了中国歌谣研究部门，为搜集海外的中国民歌做出了贡献。

彼时的刘半农33岁，比起留学之前自然有了很多变化，他在《赤裸裸的话》中写道：

三十三岁了，
回想到二十年前对于现在的梦想，
回想到十年前对于现在的梦想，
若然现在不是做梦么？
那就只有平凡的前进，
不必再有什么梦想了！

一首小诗，藏着刘半农淡淡的无奈和伤感，年轻的时候，浑身有一使不完的力气和一股坚韧的闯劲儿，对一切都充满好奇，充满挑战的欲望。而年龄越大，这些年轻的气息就会离自已越来越远，那种心灵上的变化其实是一点点发生的。

细细想来，刘半农不禁悲伤，这或许是所有文人共通的气质吧。

人生百态，步履艰难

得罪陈源，抬杠玄同

刘半农的性格一向耿直，与他的文章一样，从不会委婉地表达自己的意图。这样的个性太过尖锐，有利有弊，令其在成就自己的同时也得罪了不少人。

回国之后的日子，自然不再像在欧洲的生活那样窘迫，虽然忙于各项事业，每得空闲，刘半农就会找三五好友小聚一下。

1926 年 1 月 17 日，几个人坐在饭店里，无意间谈起了徐志摩和陈源的事情，言之两人相互吹捧，让人听得好不舒服。

刘半农当时喝了很多酒，就此事还当即写了一篇文章，名为《骂瞎了眼的文学史家》，择文摘录如下：

> 最近，又听说我们同事中，出了一位奇人，此人乃是北京大学教授陈源先生，即名署西滢的便是。
>
> ……

我代陈先生愤愤不平，便是我翻遍了一切的英国文学史，没有看见陈先生的名字。这些编文学史的，真是瞎了眼！

……

Wells是陈先生的好朋友。我记得有一次他写信与陈先生，不写Dear Mr- Chen而写Dear Chen，陈先生便高兴的浑身搔不着痒处，将原信遍示友朋。无如Wells竟糊涂到万万分，著书时把个极重要的人物，而同时又是他最亲密的朋友，竟轻轻地忘去了。

……

刘半农这封信的内容，读起来让人觉得他很“多管闲事”，也有些捕风捉影的意味。但是其中包含了一些误会，才造成这次争端。

陈源当然看到了发表在《语丝》上的这篇出自刘半农之手的文章，见别人竟如此评论自己，心里自然不满，速速写了两封信发表在其他报刊上。只是，信件发表不比两人直接对话，必然会曲解对方的意思。

刘半农觉得冤枉，最终此事也不了了之了。

事实上，在欧洲留学期间，刘半农和国内很多人也都保持着联系，包括陈源。待回国之后，并未能与陈源相见，却想不到彼此的“见面礼”竟是一场口水之争，刘半农觉得不妥，直接给陈源写了一封信：

我那天在太和春吃过了饭，我是写完了一篇文章就走的，后来如何有人列表，又如何的鼓动了林语堂的兴趣，也大做而特做其文章，我竟全然不知道。我是直到语丝出了版，才知道我的大文之后竟有了一个大表，还再有一篇大文。那么，你若要把表里的话也当作我的，岂不是等于要把“汉”朝人的四书注疏中的话，也当作了孔老先生的话吗？

刘半农发表的《骂瞎了眼的文学史家》是借着酒意写出来的，文章后面还有一些言辞并非出于他本意，“有人”扭曲甚至杜撰了他的意图，才导致其得罪了陈源。当时他也没有太多顾忌，根本没想到会引起陈源的不满。

刘半农还在信中说：

“爱管闲事”究竟是谁，我至今还没有知道。我将来查出了，还要同他（或她）到地方厅去打官司，因为他表题中用了我的姓，显然是影戏商标的行为。

陈源也有回音，但并非是和谐的言辞，反倒更表达了气愤和不满，话里话外间透着讽刺的态度。刘半农也再次给陈源做了回复，如此，二人的关系越来越僵。

刘半农并不是小气之人，讽刺他人归讽刺，但其人心胸宽广，他曾和一位校长聊到关于英国文学史教员和英文修辞有谁擅长的问题，他曾极力推荐陈源和徐志摩，更为陈源说了不少好话。

不过，此事并未就此罢休，他和徐志摩也因些许摩擦开始了争论。

徐志摩在《“闲话”引出来的闲话》、《闲话的闲话之闲话》和《关于下面一束通信告读者们》中有涉及鲁迅的地方，这令刘半农较为不满。

鲁迅也毫不示弱，进行了有力的回应：

> 这类误解似乎不止陈源教授，有些人也往往如此，以为教员清高，官僚是卑下的。真所谓“得意忘形”，“官僚盲僚”的骂着。可悲的就在此，现在的骂官僚的人里面，到外国去炸大过一回而且做教员的就很多：所谓“钻谋补他的缺”的也就是这一流，那时我说“佥事这一个官儿倒也并不算怎样的‘区区’”，就为此人的乘机想做官而发，刺他一针，聊且快意，不提防竟又被陈教授“刻骨镂心”的记住了，也许又疑心我向他在“放冷箭”了罢。

一来二去，这些问题也没有争论出什么明确结果，众人心里或多或少都有些不痛快，而这一切争论的根源自然都因刘半农而起。

胡适见大家的关系闹得紧张，便给鲁迅、陈源、徐志摩分别写信，想做中间的“和事佬”，调节一下他们之间的关系。最终，这件事也未有哪一方得到什么实惠和甜头，亦没有哪一方损了皮肉。

而刘半农身上出现的诸如此类的“战斗”却是数不胜数的，这也因他还是一个较真之人，很爱抬杠。他曾特地写了一首《抬杠》：

> 闻说杠堪抬，无人不抬杠。
> 有杠必须抬，不抬何用杠。
> 抬自犹他抬，杠还是我杠。
> 请看抬杠人，人亦抬其杠。

这首诗缘起于钱玄同。

还是1926年，刘半农被著名报人、教育家成舍我邀去当《世界日报·副刊》的主编，这让他很是高兴，但又有些担忧，怕自己不能胜任此职。

成舍我敢用刘半农，也是看中其写文章的勇气，此前两人有一些来往。

他在向刘半农约稿时，刘半农曾说："我写的都是骂人的，你敢登吗？"成舍我应道："只要你敢写我就敢登。"看来，两人还真是"一拍即合"。

当时，刘半农便写了那篇有名的《南无阿弥陀佛戴传贤》，是用来讽刺戴院长的，言辞犀利，毫不客气。却不想，此文导致《世界日报·副刊》停办3天，可纵然结果如此，成舍我仍坚持邀请刘半农。

既然是副刊，数量和风格就要丰富一些，刘半农心里没有底，他需要考虑一段时间，更需无数好文章的支持。

在与朋友聚会的时候，刘半农不经意间谈到了约稿的事，朋友们都非常赞成他，这也给了他信心。为了扩大宣传，他故意在报刊中信誓旦旦地写道："刘先生的许多朋友，老的如《新青年》同人，新的如《语丝》同人，也都已答应源源寄稿。"

这几句话的影响力很大，本是几句宣传《世界日报》的广告，却引来了朋友钱玄同的不解。

当时的钱玄同并未说一定要给刘半农寄稿，当时也只是对他当主编一事表示赞同而已，并无特别承诺。

而眼下，被刘半农以这样的理由列在广告之中，钱玄同非常不悦。此人亦有一种清高之气，不屑与自己不喜欢的风格摆在一起，《世界日报》里曾有《春明外史》和《明珠》等作品，这些作品不入钱玄同的眼，是他耻与之为伍的。

钱玄同越想越觉得不舒服，越想越难以理解刘半农为何要将自己也加到其中，便给刘半农写了一封信：

> 我有一个牢不可破的见解：我以为老顽固党要卫道，我们在主义上虽然认他们为敌人，但有时还可以原谅他们（自然要在他们销声匿迹草间偷活的时候才能原谅他们），因为他们是“古人”，是“僵石”。最可恶的，便是有一种二三十岁的少年，他们不向前跑，不去寻求光明……我对于这种少年，是无论何时无论何地绝对不愿与之合作的。所以现在看了那广告上的话，不能不向你切实声明。它事可以含糊对付，此事实在不能“默尔而息”。话说得这样直率，这自然很对你不起，尚希原谅则个！

刘半农读到信时不禁一愣，没想到自己还没去当主编，自己的好友先来个“下马威”。细细想来，他也觉自己不对在先，但本准备在发完广告之后向钱玄同解释，却还未曾言语，便得到一通数落。刘半农赶忙回信解释：

> 我办这《副刊》，是由《世界日报》方面答应了不加干涉的条件才答应办的。所以实际上，这《副刊》不但与《明珠》等两不相干，即与《世界日报》，也可以说两不相干。犹之乎当初的《京副》，和你所办的《国周》和《京报》及《显微镜》等，根本上都是全不相干……虽在一处，却无所谓“合作”，所以你我二人并没有愤而辞职，而蔡先生的“兼容并

包”，反传为美谈。不过这些事，我只是想到了随便说说，并不是要反驳你。你的意见我应当尊重的；即使不是意见而是感情，我也应当尊重——尤其是在近来你感情上很痛苦的时候。为此，我遵命将来信在《语丝》上登出。

刘半农对钱玄同还是十分尊敬的，他也知道自己先前大意，发布的这条广告的确有些欠考虑，没有顾忌他人感受，理应也要给个说法。

而在解释之余，其实更有一种“抬杠”的意思。其后，便有了那首打油诗《抬杠》。

办刊不易，约稿亦难

优秀的刊物必然得益于优秀的文章。刘半农办副刊，一样需要好文章的支撑。当时，鲁迅表示愿意为其寄稿，可一个刊物却不是一两个人的文章便能养活的。刘半农在约稿的问题上着实费尽了心思。

外界对《新青年》的高度关注，不仅是因里面有新思想，其实也是因为这里是很多知名文人的阵地，故此，刘半农希望把副刊打造成一个知名文人的聚集地。

即为副刊，在思想上和内容上就不能太古板，能影响年轻人的东西必定都要有特色，充满新鲜的活力和向上的动力。至少不能再写那些“之乎者也”的老旧文章。

故此，副刊主编这个职务并不好做，但刘半农倒是觉得很适合自己，毕竟自己对民歌、诗歌、民谣、音乐、语音等都很感兴趣，涉及的学科面非常广泛，又喜欢追求新鲜、新奇的事物，恰能掌握副刊的精髓。

副刊的受众多是学生，刘半农也了解年轻人的心理，觉得副刊应吸收《新青年》的精髓，多发一些生动有趣的东西。在约稿的过程中，刘半农碰壁无数，但他却越挫越勇。

征稿的消息一经发出，投稿者便络绎不绝，很多积极踊跃的年轻人更是热情百倍。刘半农这次主编的副刊备受关注，从稿件的数量上即可见一二。遗憾的是，投稿者多数是文学界的无名小卒。

不过，刘半农并未因是普通作者而忽略他们的作品，他认真品读每一封寄来的稿件，最后从中择优录用。所谓“英雄不问出处”，其实来稿中也有很多令其拍手称赞的精彩作品。如他在第一期刊登的《小饭店里》，还有很多其他的作品，不胜枚举。此果真为“山野埋麒麟”。

稿件虽然多而杂，但刘半农享受其中，在选择的过程中也甚为仔细，因为他从这些稿件当中也能看到自己当年的影子：怀揣一个美丽的梦，努力做文章、投稿。经常遭到退稿，编辑的冷眼，想想这些不堪回首的往事，刘半农对无名作者的稿件更认真了。

当然，这些稿件中质量奇差的稿子亦不在少数，每遇烂稿，刘半农会让人及时退回去。这本是很正常的流程，却也招来很多投稿人的不满，认为自己没有受到重视，殊不知刘主编已很费心神了。

最后，刘半农无奈，发了一篇短文来诉说心中的委屈：

> 我对于无名作者的稿子是否一概抹杀，现在及将来，均有事实可证，无须空口说白话。至于选择上，自然是各有各的眼光，也自然是不免因此而有委曲诸君开诚相见，正合着“岂能尽如人意，但求无愧我心”，那两句迂话而已。

关于无名作者的风波，一时间闹得沸沸扬扬，也引来了无数口水之争。这一切刘半农其实早有准备，面对质疑之声，他已变得从容淡定了，况且副刊主编这个职务，他觉得自己只是尽力而为罢了。

无名作者的积极和他作家朋友的态度倒是截然不同的，刘半农几乎向在文学上有一定地位的作家一一约稿，但并不是每个人都能配合他，胡适便没有应约。

胡适的拒绝其实和《世界日报》的创刊人成舍我有关，他并非与刘半农有什么过节，在给钱玄同的书信中，他这样写道：

> 前天见你给半农的信，我很赞成你的见解。我那天在北海吃饭，半农问我有无稿子，我还不知道是什么一回事，也不曾见着你说的那个广告，因为我家中现在只有两份报了。你知道成舍我为什么恨我吗？他对人说，他办的报，王抚五肯定给他文章，而胡适之不肯给他文章，所以他恨我至今。现在钱玄同又该挨骂了。

显而易见，是成舍我和胡适之间有了些小矛盾，导致其没有答应刘半农的约稿。钱玄同和胡适站在一个阵营，都不愿给刘半农投稿，刘半农也没有在意，还是积极向他人征求稿件，鲁迅等人的态度还是比较配合的。

鲁迅的《马上日记》在副刊当中连载。鲁迅一直有写日记的习惯，但他的日记有些是只能自己看的。

给刘半农的副刊投稿，多数是他自己每天的见闻。有感慨了，就在日记里写上几笔。生病了，就在日记里面讽刺一下医院对患者的冷漠。这期间，发生了一件令鲁迅不太高兴的事情。

有一回，鲁迅在买药回家的路上，不巧遇到了冯玉祥吃了败仗准备退出的部队，哪里都是军队和警察，他赶忙绕道而行。当时烈日炎炎，自己身体还不适，绕了很久才远离他们。

刚好走到刘半农住宅附近，他想进去歇息一下，但刘半农有事并不在家。他将名片递出，请求看门的把名片递给刘夫人看看。可出乎意料的是，一直未果，他不禁觉得气闷，一家人竟如此刻薄。这件事情让他对刘半农的印象有所降低。

后来，鲁迅到了作家齐寿山家中，并在那里歇息了很久。与齐寿山相谈甚欢，还吃了午饭，鲁迅心里很是感激。

如此鲜明的对比，让鲁迅心中大为不快，但他并没有明确地写明此事，只在给自己看的日记中做了记录。

刘半农对此毫不知情，因他的心思都在副刊上。为了让《世界日报·副刊》的内容更加充实、精彩，他积极奔走，只为拿到好稿子。

刘半农在《世界日报·副刊》上下了不少功夫，也受到了不少关注。但凡事有利有弊，副刊在不断成熟的同时，刘半农也遇到了更多麻烦。

副刊曾出现过一次印刷错误的问题，待此事告一段落后，马上又陷入了“抄袭门”。

当时刊登了一篇《词人纳兰容若》，因言辞独特，文法较高而被刊登，可却在发表不久后被人指出此篇文章是抄袭来的。举报人将原文邮寄给刘半农，这不禁令其颜面尽失，十分懊恼。

刘半农为了副刊劳力劳心，慢慢发现主编之位远没有想象中的容易。但他并未打退堂鼓，依然抱着解决问题的态度扛着。他知道，“抄袭事件”的风波还是不要闹大为好，毕竟对副刊的影响太坏。刘半农一时间哭笑不得，问题接二连三出现，且每次都是意想不到的问题，令人甚是头疼。

1926年，刘半农用了一个多月的时间翻译《茶花女》，有时翻译顺畅，一天下来很有成效；而有时思维堵塞，大半天也没有任何进展。

《茶花女》是法国小仲马的作品，法文直接翻译成中文，要表达的含义会有所改变，这自然增加了翻译的难度。刘半农倾向于意译，毕竟翻译剧本不仅要保留原意，还要注重剧本台词的顺畅、美感，他不想因自己的问题破坏了作品的艺术性，故而更加用心地参照文法结构来翻译。不过，还是有几场写得不是很清楚，用语也十分模糊。

刘半农将自己译出来的《茶花女》剧本送给了鲁迅一本。当时两人的关系因时常联络也渐渐密切了起来，不再如之前那样僵持了。

刘半农在这部作品中十分用心，可得到的反响却很平常，因该作品犯了很基础性的错误，细心的读者也发现了印刷错误。这些现实让刘半农颇为堵心，这并不是他想要的结果。

6年之后，《茶花女》准备在北京公演，有的剧社请刘半农担任指导，可都被他谢绝了。他只应邀写了一些关于《茶花女》公演的文章。

《茶花女》公演之后，得到了观众的一致好评，在刘半农眼中，这应是意料之中的事，而胡适看了公演之后却毫不留情面，直接写了一些很不客气的评价：

我觉得这回小剧院试演这戏是很值得注意的。不但在演剧的艺术上这是一次很重要的试验。关于这一点，我不配多谈——单就编剧的技术上，这戏一定可以给我们很多的教训。我们试想，如果把《茶花女》小说交给上海的麒麟童先生去编做戏剧，他岂不是要编成一部三四本或七八本的“连台新戏”？我们更试想，如果把这部小说交给齐如山先生或金仲荪先生去做戏剧，他们大概可以编成一种什么样子的剧本？有多少情节他们敢大胆删去？有多少情节他们忍心删去？有多少地方他们为迁就戏剧的限制而大胆增削改造？

我们再看小仲马自己改造他的小说做成剧本，是用何手段。我们应该学他的剪裁工夫，因为改小说材料做剧本，最要紧的是这剪裁工夫。我们至少从这里可以学学小说与剧本的技术上的根本区别。

胡适直抒胸臆，直言演出存在最大的毛病便是剪裁不好。不过，这倒不是对刘半农的批评，仅仅是他看了公演后的感慨而已。对那时的刘半农而言，一切庞杂品评于他而言皆如浮云一般，也许是身在主编的位置司空见惯了，也许他的内心已经陡然间变得无比强大。

形势可危，激情受限

《世界报刊》的问题层出不穷，在当时那个敏感时期，北洋军阀不断取得胜利，副刊刊登了太多“不入流”的文章，一种不祥气息笼罩而来。

一时间，人心惶惶，《世界日报》处于岌岌可危的境地。果不其然，站在风口浪尖上的成舍我被“狗肉将军”张宗昌逮捕了，这一消息很快传开。

张宗昌投靠军阀张作霖之后，借着他人的名气横行霸道，本身却是一个毫无能力的军阀头子。

成舍我对张宗昌本就心存蔑视与不满，他看不起那副狗仗人势的嘴脸，故而曾经在与员工谈论报纸要心细时拿“效帅”和“妓帅”作对比，称如果校版时粗心把“效”字写成“妓”字，岂不是得罪了张宗昌（张宗昌，字效坤）？

几句调侃，是足见成舍我对张宗昌的态度的。

只是，在那个混乱的岁月里，正义似乎总被强权压低了头。受社会形势紧迫，“三一八”惨案、李大钊被通缉，这令那些站在《世界日报》正义舞台上的人都面临着种种危机。

此前，《社会日报》社长林白水发表了一篇《官僚运气》，这不禁惹怒了张宗昌，因此文极具讽刺意味，专门把枪口对准了爱拍马屁的张宗昌，结果，林白水被张宗昌拉出去枪毙了。

张宗昌草菅人命，成舍我将这一事件在报纸上迅速曝光，引起了很大的轰动。这是成舍我与张宗昌的正面交锋，也因此他才被逮捕。

刘半农意识到了问题的严重性，觉得不能再刊登这种战斗檄文了，惹怒军阀不好收场。

成舍我是当时比较重要的新闻界人物，也一个是铮铮铁骨、浑身正义之人。在办报刊的事业中苦苦坚持，敢于在新闻界竖起旗帜。刘半农答应去《世界日报·副刊》当主编，也是因为早就了解成舍我的地位和品格。

在《世界日报》之前，成舍我曾花了200块大洋办《世界晚报》，进行时事评论，涉及政治问题，可谓针砭时弊，此外还有《世界画报》。成舍我是中国新闻界第一个也是唯一一人办了三个报的人，受到无数有识之士的仰慕，副刊里面的《春明外史》是当时很有名气的小说，此后他开始筹办《世界日报》。他曾连载过著名小说《金粉世家》，受到很多读者的欢迎。

其实，成舍我被捕是意料之中的事。他创办的《世界日报》俨然是一个言论公正，不畏强权的场地，更像是一根针一样插向张宗昌的心脏，他当然觉得不舒服，容不下成舍我便在情理之中了。

当时，《京报》的主编邵飘萍也被残忍杀害。紧张而可怕的气息瞬间弥漫了整个北京城，在文章里可以豪言壮语、尖酸刻薄，但眼前面临的是掉脑袋的事，没有人不心生胆怯。

鲁迅和蔡元培为了躲风头去了南方，钱玄同等人也因形势太过紧张而暂时停笔，胡适则去国外躲避。大家都有自己的方式自保，只有陈独秀执着得要命，与北洋军阀正面交锋，像一个顽强、不屈服的战士一样。

陈独秀性格刚直不阿，一生曾4次入狱，可他“行无愧怍心常坦，身处艰难气若虹”，始终坚持自己的想法，不为强权所压。

那么刘半农呢？形势如此之紧张，他却还是想把《世界日报·副刊》继续办下去。为了躲避风声，他从家中搬到了学校，也不敢随便出门了，每天都在研究诗歌，一遍一遍地抄，一遍一遍地看。生活看似平稳，可苦闷之感只有他自己知道。

为了不受到非议，刘半农发表了一篇《在山中往往来来的走》，这是一首国外的民歌，与政治无关，总是不会引起注意的。可纵然如此，刘半农也没有避免被卷到风口浪尖，因为发表《两个圈儿》这篇文章，一度遭到诗人刘大白的指责和怀疑。后经一番口水之战，终于告一段落。

刘半农哭笑不得，只得更加小心。不久，成舍我被释放了，亏得他的妻子到处奔走。

说起来，成舍我很幸运，当时抓走他的王琦当天正逢“洞房花烛夜”，暂且没有把成舍我的事情放在首位。况且张宗昌也没有命他立即执行枪决，成舍我就安然度过了一晚。

正是利用此时间，成夫人连夜赶去求曾担任要职的孙宝琦，此人当时在北方军政界的地位不容小觑，说话自然也有分量。而他之所以答应为成舍我求情，是因他任职国务总理的时候，周围尽是反对和讽刺的声音，唯独成舍我的《世界晚报》一直对其表示高度的认可和支持，孙宝琦对此非常感动，记挂于心。故此成舍我有难，他也不会袖手旁观。

张宗昌很给孙宝琦面子，就这样，成舍我保住了性命。当时，张宗昌侮辱性地写了一张卡片：“兹送上成舍我一名，请查收。”张宗昌轻蔑地将成舍我看成是一份礼物送给了孙宝琦，也是卖一个人情给他。

索性，孙宝琦也回复了一句：“兹收到成舍我一名，谢谢。”

成舍我被放出来以后，依然坚持继续办报，于1927年在南京创办《民生报》，“舍我”般地与社会中的黑暗势力做斗争。

彼时的刘半农虽暂时松了一口气，可《世界日报·副刊》还是要继续的，只是在风格和内容上完全变了样子，不是发表一些诗歌，就是关于语音方面的冷僻知识。总之，离政治远远的。

那段时间，他把经历放到研究白话诗上，不再为了副刊而劳力劳心，倒是能静下心来看一些随意的东西，追求书中那些精髓。

其时，南北战争的形势越来越紧张，连学校都不能开学。刘半农很是苦恼，因政府已经没有经费再给学校了。

社会的大环境紧绷绷的，刘半农却难得的清闲。他是一个比较心宽之人，毕竟老师对于他只是一份工作而已。不工作，也可以写点文章赚钱。可学生就倒霉了，没有课上，没有知识可学，刘半农对此表示非常同情，却也无能为力。

刘半农很会给自己找乐子，他搜集了 102 条关于“打”字的词头，并整理发表了一篇名为“打雅”的文章：

> 打千里镜（望远镜）、打样（画图、校样、店铺关门）、打水线（测船水深度）、打摆子（发疟疾）、打斋（化斋）、打边（在旁边）、打底（上海大姐娘姨大姐代倌人侍寝）、打调子做文章（哼调子）、打脸（脸上画花纹）、打后镜（梳妆用镜子二个）、打十块底（十块为一底做输赢）、打头（抽头钱）、打闲（不做事而在旁凑清趣）、打格（兜卖）、打炮子（吸鸦片）、打炮（客串）、打叶子（伶界语，旋叶子）……

这是一个很有趣味的文章，刘半农希望有兴趣的人可以“续打雅”，顾名思义，即是按照这个思路继续往下写。果然，这引起了很多人的好奇。

几年之后，竟然收集了 8000 余条此类词语，参与其中者数不胜数。

除了做些趣事，他还经常读一些梵书和古文之类的文字，涉及的范围甚是广泛。而只要遇到有趣的必定抄下来，在《语丝》上发表一篇，与志趣相投的人一起分享。

像《洗碳桥》就记载了两个小孩儿击掌游戏的歌词：

花板掌，打到正月正，正月十五闹龙灯。

花板掌，打到二月二,二郎挑山挑担儿。

花板掌，打到三月三，荞菜花开赛牡丹。

花板掌，打到四月四,一个铜钱四个字。

此外，刘半农还偶尔当起了恋爱男女的“中间人”。

一次，一位姑娘因自己的心上人远走他乡，她想挽留，却又不会表达自己的心情。姑娘知道刘半农的大名，便上门请求他为自己的心上人作一首诗：

我爱君莫去，莫去东海东。
海东苦风险，白浪翻蛟龙。
我爱君莫去，莫去南海南。
海南苦毒厉，蛇虎没遮拦。
我爱君莫去，莫去西海西。
海西苦征战，烦冤夜夜啼。
我爱君莫去，莫去北海北。
海北苦寒饥，冰雪连荒漠。
我爱君莫去，住我心坎中。
坎中和所有？热血照君红。

豪言壮语说得出，姑娘心思细腻的文字也能写得来，刘半农的作品果真是“雅俗共赏”了。

其时，《语丝》禁止谈论政治的文章出现，他本人的文风也显得毫无生气。幸而他擅长风格多变的文章，这也多少缓解了紧张的气息。

回忆往事，告别“世副”

《欧洲回忆录》系刘半农 1926 年所作，其中自然记录了他在欧洲的经历。已身在国内的刘半农，慨叹国外的求学日子仿佛就是昨天。

动荡的年代，无论在国内还是国外都不会顺风顺水。今日来看，在国外时，令刘半农忧愁多数是生活的疾苦，毕竟繁重的学业不能使其亲自参与到国内的诸事之中，他也涉及不到自身的安危问题。而在国内则大不相同，生活方面可以不用考虑，可却有无数其他类型的考验等着他。

彼时，刘半农时不时回忆起欧洲的生活，想起出国时满怀壮志的神态，想起那个午后的咖啡厅，想起与友人相聚时的欢乐，想起那时候望着窗外的明月思念祖国的热泪，想起无数个潜心学习的夜晚，想起回国路途中的喜悦……一幕幕仿佛昨日重现，内心竟也有一丝怀念了。

在出国之前，刘半农对未来满腹憧憬和期待，也为未来的生活做了很多计划。待回到国内后，发生的一切都不在自己最初对未来的设想之中了。国家的政治命运不是由一个人来主宰的，文人的地位虽然重要，但在军政面前，却“不值钱”了。很多事情让刘半农觉得无能为力。

此刻，他开始将在国外的点点滴滴形成文字，一边细细咀嚼过去的日子，一边感叹着世事无常。在《欧洲回忆录》里，刘半农也谈到了很多关于留学的问题，并发表了自己的见解。

当初他留学时，本身已经有很多基础，出国便属在原来的基础之上学习国外的新文化，然后回国慢慢消化。他也很提倡这种留学方式。因为若在国内没有任何基础，一切都是到国外才开始学的话，会浪费很多时间，经济上也会不堪其压。故此，出国留学是要经过审慎权衡才行。

而今，留学的事情已成过去，《欧洲回忆录》也是他闲来无事之时所作。眼下，《世界日报》经历了如此多且重的打击，也变得脆弱敏感。刘半农的积极性更是被消磨了很多。

在《世界日报·副刊》做主编，有太多的困难和阻碍，他也因此得罪了很多人。文字是一个神奇的东西，它虽不是硬邦邦的武器，不能让人在肉体上感觉到疼痛，可给人心灵带来的伤害和影响却不小。

那一时段，刘半农引来的“怨声”数不胜数。

1926年10月，一位裴姓女士在某报刊上发表了一封信：

我要骂他多时了，不骂出来，闷在肚子里实在难过，管他妈的，冒个万死，碰碰刘博士的钉子吧。

这位裴女士言辞之所以如此不客气，是因《扬鞭集》装订时用的是“纸捻装”，故而是提倡复古。试想，一个留过洋的博士，满口的创新和改革，到头来却还是遵循旧礼，表里不一，让人不解。

刘半农看过此文之后，觉得非常不可理喻。他马上给予反击：

既然是为骂人而骂人，所以也就不妨离开了事实而瞎骂。

我骂A先生的书是狗屁，实际我竟可以不知道这本书是一本还是两本。我要骂B先生住的高大洋房，搭臭架子，实际他所住的尽可以是简陋的小屋——这也是他的错，他应当马上搬进高大洋房以实吾言才对。（这段文字就是他的散文《老实说了罢》，不是针对那位女士写的吧？）

这次引来的不满是因为刘半农写了一篇名为《老实说了罢》的文章，有很多年轻人觉得自己受到打击也非常不满，对刘半农的这篇文章表示愤怒。隔日，刘半农也觉得愧疚，便又写了一篇《为免除误会起见》，试图能解释一下自己的意图并无恶意：

一、书是总要读的。若说“国渣”应当扔进茅厕，便是研究“洋粹”也应当先懂得洋文。

二、书是要整本整本读的，若是东捞西摸，不求甚解，只要尝些汤油，那是不能有好结果的。

三、要做文艺创作家，应当下切实的功夫，绝不是堆砌些词头就完事的。

四、记载或描写事物，态度应当诚实。

五、评论或骂人，应当根据事实。

在缓和这种紧张氛围的同时，他也不忘为自己喊冤，譬如最后一条。其实，刘半农之所以能招来如此多的骂声，也是他个人的原因。他本性耿直，文章中有很多表达不注重措辞，不经意间就得罪人了。甚至于，他不知道自己说错了哪句话，而他那篇《老实说了罢》更是得罪了很多人，弄得旁人“新账旧账”一起算了。

事实上，刘半农是鼓励年轻人要保持一颗年轻健康的心态的，但文章发表之后却还是有很多刺耳之音。似乎他发表的任何言论也弥补不了《老实说了罢》存在的些许漏洞，这也是他无心之失。

谩骂与否定的文章，在那段日子里充斥在刘半农的耳边，搅得他心绪烦乱，甚至影响到正常休息，导致身体不适。长时间出版稿件已让他颇为疲惫，他开始厌倦这样的生活了。很快，他发表了一篇启事：

> 刘因头眠症复发，据医者言，须有长期间之休养，处已将所任功课酌量辞去若干外，多有本刊编辑一职，亦拟连同辞去：后经老友成舍我先生之挽留，改自阴历正月起，请假数月……
>
> 再：复请假期间，并不向本馆支薪，先此声明，免得再有造谣的人说我拿了干俸住大高洋房。

刘半农在最后不忘说明，请假就不会领工资了。之所以变得如此谨慎小心，是因他不想再听无中生有的辞令，惹得自己心烦。

其时，刘半农对于教育十分关心，对青年人的思想也尤为关注。

在教育方面，刘半农有自己独到的见解，他说："要为生活而职业，而不是为职业而生活。"

比起那些古板的教条主义，刘半农更侧重对学生个性和兴趣的培养和发掘。他认为一个人的知识量很重要，但创造力和新思想更难得，这一观点的出现与刘半农出国留学有关。

此时的刘半农已发现教育存在的问题，并勇敢地提了出来。在孔德学校毕业的典礼仪式上，他讲话时就谈到了关于教育的问题。

他认为，学生毕业之后，学业好的就理应有好的前程，而那些成绩差的，即使在其他方面突出也一样会被埋没。教育应当培养学生的人格，老师也不应是单纯教书的机器，像是在做一块砖，做出来方方正正的就可以，至于结不结实，实不实用，便与学校和老师没有任何关系了。这自然不可取。

尔时，多种原因叠加在一起，刘半农也有了离开《世界日报·副刊》的心思。委屈、愤怒、失望，这几乎成为他做主编时的主要情绪，即便此时还有相当一部分人对他予以支持，比如有人作文——《为老实说了罢注释》，文中的各种解释是站在刘半农的立场，然这些解释也只是作者的猜想，并非刘半农的初衷。刘半农心里感激这些人，可他去意已决。刘半农在启事中所言的请假，实际上是准备辞职。

当时，刘半农也对当代年轻人不好学、盲目跟风、浑浑噩噩、不求上进的现象进行了讽刺：

春天不是读书天，夏日炎炎正好眠。
秋有蚊虫冬有雪，收拾书包好过年。

虽然只是一首打油诗，却意味深长。只是，经历了这么多“磨难”之后，刘半农收敛了很多，不再把矛头直接指向谁。

《世界日报·副刊》主编的历程就这样结束了，刘半农这一段经历颇为丰富，由最开始的满心激情，到最后看清了现实的无奈，此已能说明，理想主义并不存在，既然这个地方不能让自己表达所想，不如干脆放弃。

几年以后，他回忆起来这段岁月还是记忆犹新，想起当年自己因一篇文章引来的骂声不断，仍然感慨万千：

> 我做了半年的《世界日报·副刊》编辑，觉得那时的青年，有一部分走错了路头，所以就发表了一篇《为老实说了罢注释》，这篇文章的内容，岂明曾为简单写出……
>
> 这不是平常而又平常的么？然而不得了，马上就有许多青年联合了向我总攻击，借着当时阎老西儿所办的《每日评论》，把我刘半农骂到该杀该剐的地步。当然也有许多人是赞同我的，但我觉得在这种情形之下，已大可以自认失败，大可以休息休息了，所以不久，就投笔下野了。现在青年界的情形是怎么样呢，我不知道。

刘半农在字里行间透出了一种对青年人的担忧和失望，“现在青年界的情形是怎么样呢，我不知道。”他以为自己可以以一个长辈的口吻来教育和影响青年人，可惜时代在变革，人们的思维方式也在不断变化，不是所有青年人都会赞同他的观点了，这倒也在情理之中。

5 年之后，成舍我向刘半农约稿，刘半农不太愿意写，但又碍于自己曾与《世界日报·副刊》的关系，不得不动笔写了一篇。而此文明显没有 5 年之前的犀利，而是谈及轻松的话题：

> 那时还没有“摩登”这名词，虽然男女交际之风已渐开，却不像现在每一个摩登女子身旁必追随着一个摩登男子，每一个摩登男子手臂上必吊着一个摩登女子。“花王”这名词，似乎在那时已经有了，但说出来似乎没有现在响亮而尊严，受这

称号的也不觉得有何等光荣之处，甚至于有登报声明否认的。就现在的眼光来看，这种人真是太不识抬举了。

那时没有登报征求伴侣的。登报声明离婚的已有了些，可没有现在热闹。

那时画报上还时常登载名妓的照片。现在“妓”之一字，已因不合人道而落伍，所以名妓也者也自归于劣败之一途，不再出头露面了。

那时“普罗”文学一个名词，在北平还不大知道，所以我们这班不长进的弄笔头的人，至多只是落伍而已；现在呢，没落了，整个儿的没落了。

这一段文字，看似说了些无关痛痒之事，却又何尝不是刘半农内心的“真实所想”？当时军阀对共产党人进行杀害，李大钊已死于军阀之手，而其墓碑墓志便是出自刘半农之手。有了这“前车之鉴”，自然不能直白表达，只能“托物言志”了。想来，那个封住嘴巴的时刻，是很让人喘不过气的。

不附世俗，唯显本真

笑话文学，谈影著作

生活中的刘半农，恰是个善于观察之人，故此所闻趣事较多，比如钱玄同怕狗的故事。

刘半农家中养了一条狗，十分厉害。钱玄同每次去刘家，那条看家狗都会对他狂吠不止，而钱玄同每次看到狗都会躲得远远的。时间一长，他觉得没面子，因为怕狗的事情他还经常被人笑话，最后导致他都不愿去刘半农家中做客了。

刘半农觉得此事甚是好笑，便抄写了《狗病目》，将此事写了出来：

> 公病目，将就医，适犬卧阶阴，公跨之，误蹑其项目，狗遽啮，裳裂。公举示医生，医戏之曰："此当时狗病目耳！不耳，何至败君裳。"公退思吠主小事，暮夜无以司儆，乃调药先饮狗，而以余沥自服。

诸如此类的趣事还有很多，刘半农会一一记录，然后形成或长或短的文章。这种生动灵活的文学形式，也影响了周围很多喜欢写文章的朋友。

刘半农虽已告别了主编的职务，心里还是想着能有更多更好的作品影响青年人，他想翻译一些中法对照的文章，这样也方便他们学习。当时，他翻译了左拉的《失业》，而后由书局出版。

写诗、看书、研究趣闻，都是刘半农喜做的，他总会变着花样让自己丰富起来。比如，那时的他还喜欢摄影，在那个摄影技术并不发达的时代，能有此项爱好的人寥寥无几，也算是很超前的了。

《半农谈影》是一部关于摄影的书籍，当时，在国内关于摄影方面的书籍还很少，所以此书在出版之后，得到了众多读者的欢迎。

对于摄影，其实刘半农早在读中学时就开始接触，当时只是觉得好奇、新颖，便买了个小小的镜箱，得空之时就拿出来把玩一番，此后也就慢慢兴趣浓厚起来。

那时，每逢课业之余，刘半农便会照照风景，照照人，也会经常去参观摄影展览，看一些名家的摄影作品，居然会达到看得入神、久久沉醉的地步。

刘半农就是这样一种人，只要是自己感兴趣的，就会投入大量精力在其中，甚至非得有点小成绩才肯罢休。

不过，他的老友钱玄同对此似乎不敢苟同，他曾认为，喜欢摄影的人都是低能儿，毕竟那小小的镜箱只要会使用，把需要的景色放在相框中，几分钟就能搞定了，完全没有什么技术含量，是再简单不过的玩意儿。

朱惠也对丈夫的行为表示不理解，认为刘半农既然不从事摄影行业，还起早贪黑地在这一领域浪费时间，实在得不偿失。可刘半农就是个难以捉摸的人，他不顾旁人和妻子的看法，一头扎在其中，乐此不疲。在他看来，摄影是自己的一种爱好，是值得花时间去研究和探索的兴趣。

刘半农对自己所追寻的东西一向执着，只要自己认定的，便不再会去改变。他始终保持着对摄影的浓厚兴趣，执迷于做一个起早贪黑搞自己艺术的人。有人曾说，他摄影的技术堪比相馆的技术，完全可以自己开一个照相馆。

令人疑惑的是，刘半农特别不喜欢别人把自己的作品与照相馆的相比较。他认为，相馆是将照相当成一种牟利的方式，无论是任何人的要求，照何种相貌的人，对方付钱便可。而且很多东西会受到社会方向的左右，纯属是一种买卖，可他自己对摄影则完全出自于爱好，他相信万事万物都有灵性和生命，他在摄影上的忘我，是一种追求艺术的精神，与相馆那些照片决不可相提并论。此足见刘半农也是自有其“怪”的。

刘半农的想法是，摄影是为了迎合自己兴趣的东西，而不是为牟利，如果一种兴趣染上了金钱交易，可就不是真正的好作品。

诚然如此。刘半农的作品《半农谈影》，是当时国内最好、最完备的摄影作品，里面较为全面地阐述了摄影方面的理论，并根据自己的经验进行不断探索，其中有很多关于他对摄影方法和技巧的心得，这是最后形成著作的坚实基础。

刘半农在北京大学的时候，还曾担任过摄影协会的主要组织者。《半农谈影》是由北京光社出版的，光社是一家北京的摄影家组成的协会，他们经常举办一些摄影爱好者的作品展览，是很多非职业摄影家热衷聚集之处。

刘半农加入了北京光社，并担任了编辑。这样一来，很多摄影爱好者慕名而来，让刘编辑的压力顿时减轻了不少。

那段岁月，对刘半农而言较为轻松，因为写文章毕竟与摄影不同，文章里的某一句话都可能成为得罪一群人的导火索。而摄影这种爱好性的东西，是绝不掺杂敏感因素的。

当时，与刘半农同样喜爱摄影的还有一个人——沈仲章，他曾经在刘天华的推荐下拜师于刘半农。在北京大学时，他学习刘半农的语音学，记音分丝毫不差，得到了刘半农的赞赏和器重。后来自然成为他的得力助手，毕业后留到语音乐律实验室，也多是靠刘半农的帮助。在刘半农的影响之下，他对语音学的敏感度日甚。而在光社，两人也有一拍即合的默契。

刘半农积极准备第四次的摄影展览，积极献策，多方谋划，展览非常成功，获得了一致好评。我国最早的摄影年鉴《光社年鉴》就是出自刘半农之手，为很多爱好摄影的人提供了非常好的借鉴学习材料。

1927 年 11 月 11 日，刘半农写了《光社年鉴》首集序：

> 作诗是何等清高的事！若以一首七绝而受知于某方伯，奉送赆仪二百两，这还有什么意思？饮酒是何等快活的事！若因善于饮酒而为某中丞邀作幕宾，月送薪金五十两，这还有什么意思？但试问上下古今无数诗酒风流名士，当其拈须把盏之时，其不作此种希求者，十人中能有几人？百千人中能有几人？

此文显出了刘半农非凡的气度和气势。

痛恨西医，拒说洋文

刘半农在国外生活多年，见识了外面世界的精彩，但其始终有一颗爱国之心。很多时候，他的确会回忆起那段岁月，可内心深处的留恋，也仅仅是心底留存的那一丁点儿美好。

当在故土生活的时间越长，发生于国内的有关国外的事情越多，他那份仅存的美好也慢慢消失殆尽了。甚至于，发生的很多事情让他厌烦、憎恶。究其原因，是他的侄子和侄女因在西医院就医致死，而“祸首”便是医生。

刘半农的侄子阿满，即刘天华的儿子，当时明明得了猩红热，若就医及时的话绝无生命危险。可医生却没有检查出来，不仅如此，还乱做手术治疗。刘半农后来想让侄子转中医治疗，可遭到医院的阻止，最后导致了病情加重，不明不白地死了。

本是传宗接代的儿子，一下子就这样没了，噩耗来得太过突然，仿佛从天而降一般。可气的是，医院竟然不顾家人的悲痛，还要讨回欠医院的医药费，令人愤怒不已。

这是第一次尝到外国医院的“果子”，可噩梦还没有结束，刘天华的家庭居然再次遭难。

刘半农的侄女，即刘天华的二女儿阿燕，于1925年出生，可至1926年便夭折了。当时，阿燕因受风寒送到了协和医院，众人本以为只是风寒，西医治疗恢复得应该会快一些，故而选择了西医。医院方面，同样要求先交钱才能治病。

其时，一群看护人员围着孩子转，看上去让人心安，但她们并不专业，只是不停地给阿燕打针、用药，还有一些让刘家人也不理解的退烧方法。最后，阿燕断气了！一个受了风寒的孩子竟然被医断了气！

刘半农心痛至极，可怜的阿燕没有满周岁，还没有看到世界的美好就这样离开了。刘天华一家人简直接受不了这个现实，两个孩子的生命竟然都是在西医院结束的。

孩子是无辜的，只怪这些没有医德的医院。此后，只要提起外国人开的医院，刘半农恨得咬牙切齿。他个人比较偏向中医，但有一些危险的疾病还是要靠技术的，以当时中医的水平还无法做到。故此选择西医治疗也是迫于无奈，而庸医误人，这是刘半农深有体会的。

刘半农还曾回忆朋友的妻子在西医院开刀的事情。

朋友的妻子因难产要做开割手术，由院长主刀，一院之长，必定医术了得，这本是令人安心的事情。谁料在割到一半的时候，院长接到了领导的电话邀请要去饭店赴宴，院长没有拒绝，竟将朋友妻子的腹部匆匆忙忙地就缝上了。

过了一段时间，友妻仍然感到腹部疼痛，去医院一检查，竟然发现腹部遗留了一把铁钳子！院长为了赴宴，居然把工具留在了患者的肚子里，此真是滑天下之大稽。医生的职责是治病救人，此时却系“治病害人”，天下有如此不负责任的大夫，实在令人咋舌！

刘半农恨透了这些不负责任的外国人，从开始到现在都是如此！索性，他连外语也一并讨厌起来。

刘半农留学期间说的都是外语，但他本人是极为不喜欢的，只不过在国外身不由己。而他在国外也没交多少朋友。

在刘半农看来，外国人不学中国话是因为他们瞧不起中国人，他们也经常与人争论这个问题。他曾写过一篇《关于外国话及外国字》的文章，里面充分表达了他的思想：

> 你若说英语是世界上最通用的语言，或者说英文是世界上最通用的文字，我就要老老实实向你说：你能骗人，不能骗我。不信你到英美以外的各国都会里去调查调查，究竟懂英语英文的，一百人中能有几人，一千人中能有几人？

既然中国人到外国就要讲外语，那么外国人到中国就应该好好学习中文。有很多人会和他争论这个问题，但是他并不在乎他人的看法。

几句话足以表明刘半农对外语的反感，以及对那些崇尚说外语的人的讽刺和不满。凭什么英语是最通用的语言？

为了“排外”，刘半农还要求女同学之间的称呼要把“密斯”改成“姑娘”，也就是说，如“密斯王”，要改成“王姑娘”这种传统式的叫法。这听起来似乎还很有意思，年轻人禁不住笑刘半农“老古董”。

当时的刘半农已是北京女子文理学院的院长，故此他的这一说法自然引起了很多人的关注，不少报刊也纷纷开辟专栏讨论。有人认为刘半农思想太陈旧，有人却认为刘院长不说外语是爱国的表现。是时，掀起了一阵关于“密斯”和“姑娘”的热潮。

刘半农觉得，“密斯”的说法影响了社会的风气，有一种崇洋媚外的感觉。中国人使用“密斯”，不仅不会显得“洋气”，反倒会显得很低俗。

刘半农也谈到了自己为什么会有这样的想法，而这次关于“密斯”和“姑娘”的言论，竟也成了他离开女子文理学院的一个导火索。

刘半农谈到这个问题，表达了很多自己的想法，因此，这些言论再次掀起狂潮，让自己成为风口浪尖上的目标，但他又始终坚持自己的观点，认为这是社会风气的问题，不能够动摇。故此，“摩登”的年轻人反抗的声音不绝于耳，大家都认为这是西方文化在中国传播和发展的一种方式，而刘半农的观点，则是因循守旧。

不久，刘半农便辞职离开了女子文理学院。

与鲁疏远，终结《语丝》

刘半农与鲁迅的关系，自从在《何典》的问题上有了一点小矛盾之后，就逐渐冷却了起来。不过，彼此都不是小气之人，虽然个人关系不算太好，但在学术和文化事业上的方向还是保持一致的，这种关系也并未受到太多影响。

1927 年的社会形势不容乐观，在蒋介石、汪精卫和张作霖对共产党人不断迫害、残杀的情境之下，面临生命的危险，人心惶惶，人人都为了避“嫌疑”而东躲西藏，就连《语丝》的俞伯平和章衣萍都离开北京，另寻安全的栖身之地了。

彼时，《语丝》只剩下刘半农等两人孤军奋战，没有了那些有识之士的支持，《语丝》也举步维艰。最终，他们也杠不住了，主张停办《语丝》，关门大吉，这也是他们不得已之举。

事实上，停办是无奈之举，也是必然之举，试问当时的情况，又怎能支撑起来呢？可此事却引起了鲁迅的不满，而且他因此致信当时亦常在《语丝》上发表文章的作家章廷谦，把自己的不满和抱怨统统发泄出来。

事情往往如此，没有正面的沟通，而是通过其他的人来表达自己的观点，最终必然造成误会。

刘半农还不知道鲁迅竟然对自己停办《语丝》这件事如此不满，还一心一意地为鲁迅提名诺贝尔文学奖的事情忙前忙后。

当时，瑞典考古探险家来到中国，他们曾与刘半农商议，想提名鲁迅为诺贝尔文学奖候选人。有此机缘，刘半农便设法征询鲁迅的意见，他是请与鲁迅有交情的作家台静农帮忙代写了一封信的。然鲁迅却拒绝了，并给台静农了一封回信，说明自己拒绝的原因：

> 九月十七日来信收到了。请你转致半农先生，我感谢他的好意，为我，为中国。但我很抱歉，我不愿意如此。诺贝尔赏金，梁启超自然不配，我也不配，要拿这钱，还欠努力。世界上比我好的作家何限，他们得不到。你看我译的那本《小约翰》，我哪里做得出来，然而这作者就没有得到。或者我所便宜的，是我是中国人，靠着这“中国”两个字罢，那么，与陈焕章在美国做《孔门理财学》而得博士无异了，自己也觉得好笑。我觉得中国实在还没有可得诺贝尔奖赏金的人，瑞典最好是不要理我们，谁也不给。倘因为黄色脸皮人，格外优待从宽，反足以长中国人的虚荣心，以为真可与别国大作家比肩了，结果将很坏。
>
> 我眼前所见的依然黑暗，有些疲倦，有些颓唐，此后能否创作，尚在不可知之数。倘这事成功而从此不再动笔，对不起人；倘再写，也许变了翰林文学，一无可观了。还是照旧的没有名誉而穷之为好罢。

其时，若是说中国有资格获得诺贝尔文学奖的人，也就非鲁迅莫属了。虽然刘半农和鲁迅的关系不如从前，但在文学上，刘半农对鲁迅仍是极为尊重的。

不过，鲁迅已无暇顾及自己的名誉利益，也没有那份虚荣心。社会笼罩在蒋介石屠杀共产党的迷雾之下，社会形势每况愈下，鲁迅整日忧心忡忡，哪还有心情顾及什么奖项之类的呢？他希望台静农转告刘半农对他的好意，自己已然心领。

就这样，刘半农和鲁迅始终没有正面交集，矛盾也就未曾解开。不过这一事情，也暗示了两个人的关系有了一点好转。

同年12月，《语丝》在张作霖的威慑之下被禁止，强权欺压，《语丝》的力量显得十分羸弱。当时鲁迅被邀请任编辑，他本人是不太情愿的，可因社员的稿件不用经过自己多费心直接发表就可以，加之又碍于面子，他不得不承担了这个职位。每天做着编辑的工作，看看稿件，挑挑问题，倒也清闲自在。

后来，《语丝》的阵地转移到了上海，以避风头。尔时，刘半农与鲁迅的关系突然恶化，这中间的罪魁祸首，即是1928年2月时，刘半农发表的一篇名为《林则徐照会英吉利国王公文》的文章。

刘半农写这篇文章的启发，来自于一篇名为《照会英吉利国王公文》的文章，这是他无意间发现的，是林则徐亲笔作品，这令他不禁大为感叹，遂将其抄下发表在《语丝》上：

> ……闻该国禁食鸦片甚严，是固明知鸦片之为害也。既不使为害于该国，则他国尚不可移害，况中国乎？
>
> 中国所行于外国者，无一非利人之物。利于食，利于用，并利于转卖，皆利也。中国曾有一物为害外国否？况如茶叶大黄，外国所不可一日无也。中国若靳其利而不恤其害，则夷人何以为生？又外国之呢羽哔叽，非得中国丝斤不能成织。若中

国亦靳其利，夷人何利可图？其余食物，自糖料姜桂而外，用物自绸缎磁器而外，外国所必需者，曷可胜数。而外来之物，皆不过以供玩好，可有可无。既非中国要需，何难闭关绝市。乃天朝于茶丝诸货，悉任其贩运流通，绝不靳惜。无他，利与天下公之也。……

林则徐将禁烟之战进行到底，他勇敢地向那些走私鸦片的洋人发起挑战，不屈不挠地与之对抗，势要彻底铲除鸦片对中国的危害，拔除这颗巨大的毒瘤。此举自然震慑了那些无耻的外邦异族，令他们再也不敢向中国输送鸦片。

本是一篇正义之文，于此时抄录而出，也有助于提升士气，刘半农本是好意。不过，其中却存在一个小的错误，即有一个地方将地点写错，这边被细心的读者发现了，他们写了一封信寄到《语丝》的编辑部。

鲁迅看了信件之后，将其直接发表到了《语丝》上。

鲁迅的行为让刘半农十分不愉快，因为他觉得很没面子，虽然他并没有直接指出自己的这个小错误，可也不应该在事先没与自己沟通的情况下，借一个读者之笔来指出自己的失误，刘半农觉得这是对自己的不尊重。不过，因种种缘由，他未曾显露出来，只不过两人的矛盾再一次升级了。

让鲁迅万万没有想到的是，此前两人的关系虽走得不近，但也不温不火，未到水火不容之境地。而随后发生的一件事，让刘半农突然爆发了，两人的友谊也算是向尽头溜去了。

一篇纠错的文章，让刘半农彻底离开了《语丝》。此后，他不再向《语丝》发表稿件，这个发表了无数篇慷慨激昂的文章之地，有过无数次口水之争之地，抱有无限创新改革希望之地，与之彻底断了关系。

一次，在他人宴请的时候，刘半农与鲁迅两人会面，但却没有任何交谈，略显尴尬。后来，鲁迅把这次相遇落到纸上，与章廷谦通信道：

> 沈刘（沈尹默、刘半农）两公，已在小峰请客席上见过，并不谈起什么。我总觉得我也许有病，神经过敏；所以凡看一件事，虽然对方说是全都打开了，而我往往还以为必有什么东西在手巾或袖子里藏着。但又往往不幸而中，岂不哀哉。

“虽然对方说是全都打开了”，可实际上，彼此之间还是有很多隔阂和误会没有消除。“岂不哀哉”，则表明了鲁迅的心情，他为自己与刘半农这段关系感到悲哀。

1929 年时，鲁迅在《我和〈语丝〉的始终》中也表达了自己的内疚。即使与刘半农关系闹僵，他还是关注着刘半农，关注着他的思想和动态。他在给章廷谦写信时，信中也有关于刘半农的内容：

> 学校诸要人已见昨报，百年长文，半农长豫，傅斯年白眉初长师范，此在我辈视之，都所谓随便都好者也。玄伯欲“拉”，“因有民众”之说，听来殊为可骇，然则倘“无”，则不“拉”矣。嗟乎，无民众则将饿死，有民众则将拉死，民众之于不佞，何其有深仇宿怨……

鲁迅对刘半农并无敌意，他知道刘半农的长处。

两人的误会一点一点积累而成，其实在背后还是相互支持和帮助的。在写文章方面，鲁迅还曾向《未名》社的编辑李霁强烈推荐刘半农：

> ……《未名》的稿，实在是一个问题，因为我在上海，环境不同，又须看《语丝》外来稿及译书，而和《未名》生疏了——第一期尚未见——所以渐渐失了兴味，做不出文章来。所以我想可否你去和在京的几个人——如风举，徐耀辰，半农先生等——接洽，作为发表他们作品的东西，这才便当……

鲁迅能推荐刘半农，说明其从心底还是非常认可他的，而两人谁也不愿意解释发生的误会，所以这些“好事”也没有挽回两人的关系。

鲁迅也微微感到了后悔，自己当初欠缺考虑，其实自己不愿与刘半农把关系搞得如此疏远。可事已至此，又能如何呢？两人都有各自的骄傲，谁也不愿主动消除误会。

鲁迅不善维护人际交往，懒于解释沟通，朋友不多，得罪的人却不少，这也是他与刘半农似有“老死不相往来”的根源了。

微妙关系，耳朵风波

当两次误会使得刘半农与鲁迅之间生隙后，时间也滑入了刘半农人生的末篇。当然，这是世人所知晓的，当事人全然无法明白。

事实上，文人间的往来嫁接于文字之上，继而是性情的糅合，一旦出现排斥，就是风格相左的表现了。只是，如刘半农与鲁迅这样因误会而出现的相左，应该算是个例。

鲁迅思维清晰，文字有力，这也让他慢慢成为早期《新青年》的主要领军人物，尔时，其与刘半农也有着坚固的革命情谊，他们是并肩作战的伙伴。

然毕竟思想不同，接触环境有异，意见相左也就不可避免了。而若论最初，其实他们熟络得宛若兄弟一般。

1918 年春节时，刘半农曾随鲁迅来到其故乡绍兴，并与周氏兄弟相谈甚欢。两文人的友情日益加深，刘半农还特意做了一首《丁巳除夕》：

> 除夕是寻常事，作诗为什么？不当它除夕，当作平常日子过。这天我在绍兴县馆里，馆里大树颇多。风来树动，声如大海生波。静听风声，把长夜消磨。主人周氏兄弟，与我谈天：欲招缪撒，欲造“蒲鞭”。说今年已尽，这等事，待来年。夜已深，辞别进城。满街车马纷扰，远远近近，多爆竹声。此时谁最闲适？地上只一个我，天上三五寒星。

刘半农与鲁迅多是书信上的往来，这一时期，鲁迅的作品《狂人日记》也出炉了，继而很多脍炙人口的作品不断涌现。

鲁迅是很多人的榜样，也是很多人的偶像。他的作品影响了太多人，也激励了一众有识之士的斗志。时代需要这样一个思想上的领军人物，也需要一个勇于动笔战斗的英雄。

当时，鲁迅在刘半农心目中地位是极高的，在五四运动爆发那天，他还特意去了一趟鲁迅的寓所，鲁迅曾这样写道：“刘半农来，交与书籍二册，是丸善寄来者。”这份感情，也许更多的是建立在刘半农的努力之上，而鲁迅本人是不太善于人际交往的。

文字上的友人，革命中的知己，也就以此为根，慢慢扩散开来。那时，刘半农有很多作品中的看法都能得到鲁迅的支持，而其在出国留学之前，还曾与鲁迅一起研究出版《世界新文学丛书》，此在文学界有着重要影响。

刘半农赶赴欧洲留学以后，一心扑在学业上，加上生活的艰难困苦，令其头痛不已。人在最苦闷彷徨的时候，往往与亲人疏于联络，出于一种心理的需求，便更需要别人的关心和问候。

忙里偷闲，刘半农还是会给鲁迅寄明信片，简单地问候，可没有得到鲁迅的热情回应，心中便有些不悦。

其实，鲁迅与刘半农一直有着默契，刘半农写《奉答陈通伯先生兼容SSS君及其前辈》，鲁迅就发表《不是信》，此类情形很多，鲁迅总是与刘半农遥相呼应，心照不宣。

鲁迅是一个极为严谨之人，能如此“惠顾”刘半农，也不无人情关系的缘故。

因了《徐志摩先生的耳朵》一文，两人曾有着久违的默契，不过最终却未能有圆满的结局，令人遗憾。

刘半农在法国留学期间，一心沉浸在外国的刊物中，很少有机会看到国内关于声乐方面有趣的文字研究。而徐志摩的一篇译文，令刘半农不禁激动万分，抱着一些质疑和调侃，便写了一篇小文，取了一个颇为有趣的题目——《徐志摩先生的耳朵》。

那么，这“耳朵”到底是何意呢？

当时，徐志摩有一篇译文——《死尸》发表在《语丝》上，刘半农如获至宝，细细地咀嚼了一番，突然文思泉涌。

> 我虽则是乡下人，我可爱音乐，“真的”音乐——意思是除外救世军的那面怕人的大鼓与你们夫人的“披霞娜”。区区的猖狂还不止此哪：我不仅会听有音的乐，我也会听无音的乐（其实也有音就是你听不见）。我直认我是一个甘脆的 mystic。为什么不？我深信宇宙的底质，人生的底质，一切有形的事物与无形的思想的底质——只是音乐，绝妙的音乐。天上的星，水里泅的乳白鸭，树林里冒的烟，朋友的信，战场上的炮，坟堆里的鬼，巷口的石狮子，我昨夜的梦……无一不是音乐做成的，无一不是音乐。

这是徐志摩在译文《死尸》前的部分引言，刘半农读着，脑中不觉一惊，仿佛已置身其中，惊悚的感觉直至头皮。他很尊重徐志摩，徐志摩的文学地位在国内和国外都受到了极大认可。而他这次如此认真地告诉众人，他能够听到别人听不到的，别人听不到，原因是“耳轮太笨，或者皮肤粗”！不是因他具备了超能力——刘半农从语音科学的角度分析，徐志摩之所以能听到“微弱的声音”，可能是因他的耳鼓膜更加敏感？或许他的耳朵可以发声？

刘半农一会儿天马行空，一会科学类推，想了种种可能性，毕竟这只是徐志摩的文字，又不能拿他的耳朵来做实验。好奇心和求知欲一直在刘半农的脑海中徘徊，可其心里是不同意徐志摩这番说辞的。

为此，他还写了一封信给徐志摩：

> ……屈徐先生为受实验者，当然万分对他不起；但为探求真理起见，徐先生既不像上海新世界卖野人头的一样胡诌，

我想他当然一定可以俯允我的要求。徐先生！我们试验时，在未入本题之前，可先作两个附带试验（便这附带试验，也就重要的可以了）：

第一，听音是耳鼓膜，而你却说是耳轮。

第二，你说皮厚皮粗不能听音，我就不知道哪一部分的皮是有听觉的。还是人体皮肤的全部呢？还只是某一局部（例如脸皮）？

刘半农与徐志摩熟识，故而开玩笑也随意。他在去欧洲留学之前，徐志摩也曾留学海外，两人因蔡元培结识。

刘半农更打趣说，希望徐志摩立个遗嘱，可以在死后把自己的耳朵送给他研究。这篇文章在《语丝》上发表后，读者皆看成是笑谈。只是，有人觉得刘半农的这种玩笑尺度颇大，欠缺考虑，让人难以接受。

鲁迅也对徐志摩的说法持否定的态度，遂拟出了一段“神秘主义的论调”，似有明显的调侃之意。其文章也被发表在《语丝》上了。鲁迅的文章风格一向丰富而简洁，犀利且有力，这次也不例外。

鲁迅的说辞无疑得罪了徐志摩。此后再有人向他约稿时，他则回复：“我不敢自信，我如其投稿不致再遭《语丝》同人的嫌（上回的耳朵）。”言外之意，即是自己写了一篇文章竟遭到排挤，以后还得了吗？至此，鲁迅与徐志摩这位“新月派”成员算是“交恶”了。甚至于，他“得罪了”整个新月派。

1931 年 11 月 19 日，徐志摩因飞机事故不幸遇难，他果真没有机会将自己的“耳朵割下来”给刘半农研究。而他的殒命，也更让刘半农惋惜、心痛。

其时，刘半农的心绪一时无法平静，心痛像波动的浪花一般激荡，一个革命的好战友竟以这种形式结束生命，不禁令人唏嘘。

他在徐志摩死后，为其题了一副挽联：一夕清谈成永诀，万山云雾葬诗魂。

而后，他又为徐志摩写了悼文《飞行诗之一》：

> 我哭志摩非命死，万山云雾葬诗魂。
> 于髯毕竟聪明甚，一杖飞天代老身。

刘半农与徐志摩的情谊较之与鲁迅更深，这也是他的调侃于徐志摩来说是玩笑，而鲁迅的调侃却中其内心的因由。加之此前刘半农与鲁迅已有裂痕，此番“惹”了新月派，他又怎与刘半农修好呢？两者的关系，也就在一次次的微妙中渐渐变淡，淡得仿似从未有交集。

戏剧之思，董人之传

刘半农是一个颇具个性的人物，思维有时候宽得仿若一片海洋，有时候却又极其狭窄，如针尖、麦芒一般。这种性格之人，能容人的情形着实不多，换言之，能让他崇敬之人实在凤毛麟角，反之，崇拜他的人倒是不少。

严格来说，刘半农是个不折不扣的文人，以文为生活、事业之主色。而其文所涉及的广阔范围，实在广博，民歌、戏剧无所不包。若谈到戏剧，他也是有自己的一番独到见解的。

梅兰芳，在当时的戏剧界名气甚大，他是刘半农之弟刘天华的朋友，故而彼此经常有机会往来接触。刘半农曾为其《梅兰芳戏曲谱》专门写序，其中渗透出了自己的很多想法：

> 十年前我是个在《新青年》上做文章反对旧剧的人。那时之所以反对，正因为旧剧在中国舞台上所占的地位太优越了，太独揽了，不给它一些打击，新派的白话剧，断没有机会可以钻出头来。到现在，新派的白话剧已经渐渐的成为一种气候，而且熊佛西先生等尽心竭力的研究着，将来的希望的确很大，所以对于旧剧，已不必再取攻击态度；非但不攻击，而且很希望它发达，很希望它能把以往的优点保存着，把以往的缺陷弥补起来，渐渐成为一种完全的戏剧。正如十年前，我们对于文言文也曾全力攻击过，现在白话文已经成为气候，我们非但不攻击文言文，而且有时候自己也要做一两篇玩玩……

字里行间，充满了对新事物的追求和认同，对旧事物的可圈可点之处的接受和采纳，旧剧到新剧的发展，和文言文到白话文的发展相比，应当新旧兼容，包罗万象。中国的传统文化本来就是博大精深，在戏剧上同样要吸收和延续精华之处，摒弃那些糟粕，这才应当是戏剧之精髓。

事实上，刘半农一直非常关注戏曲改革事业，并有自己独到的见解。

如在 1934 年时，王石渠的《腔调考原》便是由刘半农为其写的序，这也是一部关于戏剧曲调的作品。刘半农认真阅读了这部作品，他发现，作者的一些观点是自己十分认同的。比如王石渠认为，二黄调两次入京城都有差别，这就有待于考证。对此，刘半农也有相似的观点。

刘半农为其写了一篇序，借此谈到了自己很多的想法和意见：

> 我只觉得以皮黄为正宗的所谓中国旧剧，现在已到了万分危险的时候：一方面是话剧的提倡与进步，一方面是西洋音乐之输入，有留声机、无线电、有声电影为之传播，日积月累的把一般青年闲着唱戏的兴趣，转而唱西洋歌。这两大宗势力是不可轻视的，将来都有夺取中国旧剧地位的可能。你们从事旧剧或提倡旧剧的人，若不放大眼光，自求可以奋斗可以生存之道，却一味抱残守缺，不肯改良，忘却了世界是进步的，不是停顿在一点上面的，那我就不妨老实告诉你们：到你们的残抱不住了，缺守不住了的时候，接着就是两个可怕的字：灭亡！

当然，刘半农也不全然是赞同，亦有与王石渠意见相左之处，譬如西皮调的出处问题，二黄从何地而来的问题等都没有太确定的说法。

在《新青年》时期，刘半农就曾发表过很多关于戏剧改革的文章，而此时对待戏剧的看法，自然是不断地进步和客观的。

闲不住的刘半农，总会给自己找些活计。他多数时间都在思考和学习，书读的多，自然也就想的多，也就随时都能迸发出新的想法，故而随时随地都能生出一篇优秀之作。无论在怎样的境遇之中，他亦是能写出一些不俗的作品，这是让人心生敬佩之情的。

比如，1934 年 12 月时，刘半农作新书《〈西游补〉作者董若雨传》，所谓传记，自然是描写人的一生，刘半农肯为董若雨写传，此人势必不是平凡之人。

此书系刘半农等人在朋友的寓所避难时所作。其时，北新书局被查封，李丹忱（民国著名书画家）被逮捕，那些正义之声被压制、正义之士遭威胁，形势异常严峻。

而那些艰苦的岁月，刘半农此时回想起来仍是记忆犹新的。关于董若雨的传记，也正是在这种不断避难的日子中所创作的。

董若雨，系明朝人。少年开始写作，通佛家儒家之典，博览群书，知识之丰厚，鲜有人敌。刘半农看到此人的生平及作品后非常感叹，美中不足的是，他的精神状态有些欠佳，偶尔会有一些不正常的行为，这也与他的一些经历有关。

董若雨有很多作品，著作百余部，但据说此人经常写毕之后又将其焚烧，如此循环往复。

董若雨写作的内容大多与“反清复明”的内容有关系，胆子如此之大，是让人惊诧的。刘半农也仿佛从他的身上看到了自己内心深处一样“叛逆”的影子。

《西游补》是董若雨借神鬼之身来讽刺现实的一篇文章，这也是深深吸引刘半农的地方。在马隅卿的帮助之下，刘半农读了很多关于董若雨的作品，更加深入地了解了这个独具特色的怪人，只是，由于其人作品多而杂，刘半农的一言半句自然是难以对其客观评价的。

辅仁教务，“国立”院长

1929 年 7 月，刘半农应邀担任北京辅仁大学的教务长，他非常适应学校的生活和工作氛围，因此，上任以来也是轻车熟路。

不过，那时的辅仁大学面临着很多严重的问题，是亟待改革的阶段，这一堆烂摊子，便等着刘半农解决。

上任伊始，便遇到这样一个棘手的问题，其压力之大可想而知。经过教育部的严格检查，认为辅仁大学教务水平低，需要改良的地方太多。由于存在的问题繁杂，故此教育部将辅仁大学改成辅仁学院，降低一个等级。待改革成功，才能恢复大学的等级；而若改革失败，只能是一间学院了。这让当时辅仁大学的校长陈援庵伤透了脑筋。

不过，陈援庵心里也有算盘，他知，聘请刘半农当辅仁大学的教务长再合适不过了。因为刘半农不仅仅有丰富的教学经验，更重要的是，他的人脉关系甚广，熟识有头有脸的人亦多，在南京教育部方面也好办事。

是时，刘半农去看望了在法国留学时结识的好友蒋梦麟，此时的蒋梦麟已是教育部部长。时隔几年，两人友情依然，还谈及了学校风气的问题。

南京的确有刘半农很多旧识，故此其在教育行业工作起来也是得心应手。因而他刚一上任就积极奔走南京，探望了北京大学的老校长，谈了关于当时教育现状和存在的问题。

说笑闲谈之间，无不透露着刘半农与他们亲切的关系，熟人之间，很多事情也好办。刘半农一方面要忙于改革辅仁大学，一方面还要积极维护这些朋友之间的关系，一时间也是大忙人一个了。

刘半农对辅仁大学的改革还是较为明确的。他主张办起三个实验室——物理、化学及数学，因为理科在当时是热门，但因为学校资金短缺，虽建立了实验室，实验工具实在简陋，学生们也不能很好地利用起来，毕竟光有实验室也不能解决实际做实验的问题。

当时在北京的各所大学里，学生和老师之间有着数不完的饭局。本来吃饭是为了拉近人与人之间的关系，然而，时间一长，饭局变味了，宛若一种必须尊崇的形式，而且是多种多样的。刘半农告诉蒋梦麟，自己已快被这些饭局搞晕头了，有些招架不住，此等风气极为不好。而净化学校风气，也是改革学校的一项重要内容。

辅仁大学在刘半农的不断改革之下，有条不紊地开展了各项教学工作。本来学校只有一个文科，后来也有了较为完备的学科系统。包括文学院、理学院及教育学院这三个学院，学生们可以根据自己的爱好和特长选择性地学习，从而不断培养自己的个性。彼时，学校呈现出一种蒸蒸日上的趋势。

此外，刘半农还积极筹建和规划办公楼、寝室楼、教学楼，因地理位置不好，他着实大费周章。每一方面都需要他亲力亲为，加之还要时常去南京，他已身心疲惫。道路崎岖，前途光明，最终，在他的指引和探索之下，辅仁大学也逐步走向正轨。

刘半农的办学宗旨是注重质量，而不注重速度。他认为，只有教学质量提升才是办学的硬道理，他极为重视学生学业方面的成绩。要提高教学质量，一方面，要加强老师们的教学素质，对待学生要严格管理，不能懈怠；另一方面，从招生方面看，要招收优秀学员，贵在质量而不在数量，增加考试难度，提高录取分数线等。

1931 年 4 月，在刘半农等人的积极努力下，教育部终于批准辅仁大学立案。刘半农这次也忙里偷闲，去教育部立案的同时也与妻子一起回老家扫墓。

抵达杭州时，正值春天，山花烂漫，美妙无比。杭州是一个山美水美、人杰地灵的好地方。这次机会难得，刘半农自然要逗留几日，其与友人章川岛一同逛了三顶山桥、净慈寺、虎跑泉等景观。

刘半农感觉度过了一段非常轻松快乐的时光，而乐山乐水的他，也不忘惦念家中儿女，时常会写信给小惠、育伦和育敦。

几天的玩乐时间转瞬即逝，当时南方逢雨季，故而刘半农回返北平的时间比原计划稍有推迟。

回到老家，更是避免不了应酬，刘半农的肠胃着实吃不消了。

其时，辅仁大学立案和扫墓的事情都已完毕，刘半农仿佛完成了一件巨大工程一般，终于可以长舒一口气了。

辅仁大学恢复了级别，刘半农便辞去了教务长的职务，在辅仁大学任职了一年之久，终于可以给校长陈援庵一个满意的答复了。

1931 年，胡适参观了辅仁大学。看到辅仁大学的现状，颇感巨变之处，他想到，这里也有刘半农很大一部分功劳啊!

离开了辅仁大学之后，刘半农依旧不得空闲。1930 年 4 月时，其被教育部任命为北平大学女子文理学院院长，刚从一摊忙碌的琐事中走出来，又一头扎进了更忙碌的工作之中。

有了在辅仁大学的经验，到文理学院的工作也就相对更好开展了。很多经验可以直接拿来用，刘半农注重务实，不讲空话、大话，根据文理学院的实际情况制定了发展目标。

那时，女子文理学院同样面临着经费紧张这一难题，学生课时不多，大多数时间都在图书馆、实验室当中，为此，刘半农侧重于在这方面的建设。

刘半农注重学生的教育，希望学生们多读书、多学习，至于其他方面，尽量不要涉及。而在女子文理学院期间发生的一件大事，让刘半农费心不少。

刘半农在担任北京大学女子文理学院院长的同时，也要轮流担任北京大学教务会主席。而就在他担任主席期间，女子师范学院索薪一事让他倍感无奈。

1930 年 6 月 21 日，刘半农在主持教务会的时候，女附中的教职员已经在会外等了很久。刘半农只能接待，教职员你一言我一语，十分激烈。最后刘半农听出道理，原来他们不是向女师大要钱，是为了向大学办公处要钱。

刘半农作为中间人，很是为难。用他自己的话说，自己就像一个皮球一样。他回到了教务会，研究了一下女附中的问题之后，受嘱托向教职工们解释，教职工们不服，他便表示再次回去与大家一起商量。

刘半农对此事解释得很清楚，要再等一周的时间就可以取到经费，此时闹起来不会有任何结果。而且需要欧阳先生亲自去取。

然而，当时的矛头对准了女师大的院长徐炳昶，尤其是一位女士不顾形象地大嚷大喊，让刘半农十分无语。无论刘半农如何苦口婆心地解释，众人执意要见徐炳昶讨个说法。

旋即，所有人一股脑地涌向了会议室，一起去找徐炳昶，这些职工情绪高涨，吵着闹着，最后竟然动起了手。

混乱的场面，刘半农真想肋生双翅飞走，可担任北京大学教务会的主席，他又不得不主持局面。最终，徐炳昶也忍不住了，当即出现在众人面前。可还没等他解释，大家便乱作一团，打得打，骂得骂。

一时间，屋子里的所有物品乱飞，砸得到处都是，人声嘈杂，场面失控。

刘半农为了保护徐炳昶，用自己的身体挡在他前面。后来也许众人的气怒已发，这场风波也慢慢平息了，徐炳昶受了伤，刘半农也在这次撕扯中受了伤，他无法理解这些人的野蛮行为，却又不得不出面解决。

最终，他与教职工坐下来心平气和地谈了一下，可教职工依然不肯走。这件事情最后惊动了法院，刘半农将此事向法院做了陈述，并成为证人。

众人都未想到此事会闹得如此之大，经过教职工这么一闹，徐炳昶辞了职，不再担任女子师范学院院长，准备全身而退了。此时的刘半农，真心觉得当领导难处太多。大概，这也是他最终致力于学术而远离“领头羊”之位的一个因素吧。

禁舞之令，缘尽文理

作为老师，刘半农并不支持学生的业余生活过于丰富。在刘半农眼中，学生的主要任务就是学业，不用理会他人的眼光如何，只有学习文化知识才是学生的本分。而只有学到知识，才能真正为富国做出贡献。

刘半农对教育持有自己的观点，在辅仁大学时便自有一套教育和改革方式。他重视教育，重视教学质量，不盲目跟风，也正因如此，他在管理上才有特色。

在女子文理学院，他沿袭了一些在辅仁大学的教育制度。对于学校的管理，刘半农的确颇为拿手。他表达过自己的观点，并不断进行改革，不主张增加新的学科，主攻每个专业的质量。不提倡丰富的业余活动，甚至不希望女学生在公共场所跳舞。

刘半农告诫他的学生：不能参加各个娱乐场所的原因是因为那里风气不好，学生必须严于律己，如果有违反纪律的，学校将予以开除。

如此严格的规定，令学生们“闻风丧胆”，即使想去，回头想想校规校令，也不免退缩了。

说起跳舞，刘半农并不是完全反对，只是他作为一个院长，站在另一个角度对学生有所要求罢了，绝不是对跳舞有什么成见，对此，他还在《世界日报》中解释道：

> 跳舞，为娱乐消遣之一种，我虽不主张积极提倡，亦无一概禁止之意。唯近来平市各舞场，空气太坏，往往引诱青年人于浪费、虚荣、旷时、耽慾之迷途，或竟至造成悲惨之结果。此等舞场，欧美都会中亦有之，然自爱者绝不涉足。我为爱护青年及徇各生家长之请求，于一月半以前，布告禁止学生到跳舞场跳舞，盖雅不欲今日中国之大学生，仅成其为一对对跳舞之所谓摩登青年也。至于家庭集会，偶一跳舞，我固并不反对。

总之，刘半农就是怕青年学生沉迷于这种娱乐之中，荒废学业，故此才会提出这样的要求。

刘半农之举，在后来得到了实质性的支撑：他离开文理学院后，听说政府不久也颁布了禁止跳舞的规定，其心中很是欣慰。他认为，自己的主张得到了政府的认可，自然是对这种观点莫大的支持了。

1931 年 1 月，刘半农写了《中国文法讲话序》，早些年，他因为要去欧洲，《中国文法通论》校对的很粗略，回头看看，觉得有很多不足。

而因其文法课讲得很好，后来受到北新书局的负责人李晓峰再三请求，答应写一本关于文法的教材。

这一串串的琐事，无时不侵扰着刘半农。事实上，对刘半农自己来说，他更喜欢清心寡欲的生活。多读书，多看报，不为一些杂七杂八的事操心。

1933年时,《世界日报》中登出一条消息，刘半农无意间看到，大致意思是：女子学院非常希望刘半农回去继续任教，但是不知道刘先生的意思，如果能到学院任教是再好不过的事情了。

可惜，那时的刘半农并无此意，给学校回了一封信，还附上一首打趣的诗：

> 院长花生米一堆，非缘穷嘴弄嘲诙。
> 老夫一个冬烘耳，只解围炉画冷灰。

爽直个性，情溢满怀

救国心切，情绪高涨

20 世纪 30 年代，是中华大地硝烟弥漫的时段。当时的社会形势十分紧迫，第一次世界大战刚刚结束，彼时，日本经济严重受挫，实力大损，只有通过掠夺的方式才能快速恢复，其便将魔爪伸向了中国的东北地区。

1931 年，日本发动“九一八”事变，其精心部署部队，炸毁柳条湖的路轨，然后栽赃给中国军队。日本企图将中国这片沃土变成自己的囊中之物，为建立傀儡政权打下了基础。

1932 年，东北三省全部沦陷。

是时，学校里的学生和教职工蠢蠢欲动。面对列强的猖獗，刘半农发表了《反日救国的第一条正路——谨以此意于全国学界同人》一文，里面尽是其对日本帝国主义种种谴责的言辞及救亡图存的想法。

不过，刘半农不赞成学生加入游行行列，他还是持自己的观点：学生要以学业为重，应该心无旁骛。

那时，爱国气氛大热，可却要面临硬件设施跟不上的问题。故而只是口号喊得响亮，最后真枪实弹的时候，大家又不免全都退缩了。没有武器的战争又如何能获得胜利呢？

当时，汪精卫和蒋介石对日本的侵略采取不抵抗政策。“九一八”事变以后，蒋介石一直都是这种不痛不痒的态度，这促使日本的侵略更加肆意、猖獗，而张学良却要为蒋介石背上这个不抵抗的骂名，他曾说：“吾早已令我部士兵，对日兵挑衅不得抵抗，故北京大学营我军早令收缴枪械，存于库房，昨晚日军以三百人攻入我军营地，开枪相击，我军本无武装，自无抵抗。”

面对此景，刘半农亦是有心无力，单凭一颗热诚的爱国之心是远远不够的，他说：

> ……
>
> 我们应当知道，所谓不抵抗，实在只是不能抵抗。沈阳驻有五万重兵，只不到一千个日本兵就占据了沈阳城！退到一百万步说，你即使不开枪抵抗，难道不能关一关城门，使他攻上三天五天么？从此我们可以明了，中国之所谓兵，只是一大堆的宜于杀戮同胞的刽子手，要放到国际的疆场上去，只是增加国际的笑谈而已。
>
> 我们应当知道，现在中国所处的地位，只有两条路可以走。第一条路是不抵抗而投降，订一个城下之盟。第二条路是抵抗，就是打，打必败，败必降，结果也是订一个城下之盟。我们应当知道，日本此次出兵，虽然是军人方面的自动，没有经过正当的政治手续，所以币原说：“吞满洲无异于吞炸

弹"，其余在政治上较有远大眼光者，亦以为日本宪政从此破坏，是日本本身的一件大事。但这是日本的事，决不与中国相干。日本决不能因为有这样的事就减轻了对于中国的打击，到临了，必还是有实力的武人占了优势，文人只是供奔走而已。所以，假使我们中国人要希望日本的文人武人意见分歧，因而得以苟安一时，苟延残喘，那就与希望日本再有一次大地震一样的渺茫，一样的可耻！

我们应当知道，国际联盟不过是那么一回事，国际联盟里的那几位先生，也不过是那么几位先生。别说他们被日本人包围了不肯说公道话，即使肯说，他们手下并没有一支国际军，还不是嘴上擦石灰：白费。而况，中国人自以为得到了"不抵抗"三个字的秘诀，就可以博得人家的同情与眼泪，殊不知"不抵抗"之在欧美人心目中，只是"卑怯"（Coward）的表露，照字典上的解说是"缺乏胆量"（Wanting Courage），"没有灵魂"（Spiritless），以这种资格求助于人，人家虽然表面上同你敷衍，骨底里还不是冷笑一阵子完事！

我们应当知道，中国人挨日本人的打，并不是偶然，是活该！中国的地面比日本大到几十倍，富饶到几十倍，为什么连穷乡僻壤的小铺子里也充满了日本货？中国的人口比日本多到几十倍，军队的数目也多到几十倍，为什么中国人见了日本人就如同老鼠见了猫？为什么中国的阔人军阀们看了本国全体民众小得不如一颗米，看见了日本的卖金丹卖手枪的流氓就头昏心痛不敢放一个屁？难道日本的富强是买香槟票买来的，中国的贫弱是天火烧成的？如其不是，那就是我们的不争气，是我们的罪孽深重，我们辜负了这神州一片土，我们对不起我们的祖宗！我们居然还有城砖厚的脸皮去向欧美人乞怜！要是我们老照着这样的情形混下去，即使能于保全国土，至多也不过是稍有天良不肯掘卖祖宗坟墓的破落户，不是显亲扬名光前裕后的好子弟。

……

国民党军队采取的不抵抗政策，并不是因自己军队的实力太弱，而是根本没有与日本军队抗衡的想法。“不抵抗”与其称是一种政策，不如说是胆怯、懦弱的表现。

刘半农满腔热情，纵使自己的力量太小，也没被残酷的现实击碎。他一直没有放弃，作为一个爱国者，他尽其所能号召和呼吁同自己一样的爱国人士，他用自己的文章大声呼吁：

我们宁可饿死，不与日本人发生任何职业上的合作关系……我们一切都是不动声色，只是痛心切齿的记牢了四个字：总有一天！

到了那一天，我们就做，我们就拼命！

我们有枪就用枪，没有枪就用刀，没有刀可以用木棍，用树枝，用砖石，再没有，我们有头可以撞，有拳可以挥，有脚可以踢，有牙齿可以咬！“困兽犹斗”：当一条狗被人打得要死的时候，它还能占据一只墙角，睁着惨绿的眼睛，露着雪白的牙齿，想要用最后的力量咬了你一毒口才死，难道中国人就不如一条狗！

我们拼！能组成军队就用军队拼，不能组成军队联合了十个八个人三个五个人也可以拼，单独一人也可以拼！你叫我们军队也好，土匪也好，暴徒也好，什么名义都可以，我们所要的是拼。一个拼死一个不赔本，一个拼死两个还赚一个！

只需世界上还剩得一个中国人，你们日本人休想好好地过；只需世界上还剩得一滴中国人的血必须拼到了你们日本人相等的血才甘心。

刘半农言辞激烈，充满了悲愤和决绝，仿佛自己就是一个要上战场的人，随时随地准备抛头颅、洒热血。然中国当时的情况风雷激荡，早已令无数爱国之士深感痛心。刘半农痛恨日本人，对国民政府一味退让和沉默更是心生蔑视。

小女成长，兄弟去世

从江阴，到英国，到德国，再到巴黎，亲人的陪伴给刘半农带了无限动力，也是这一路最贴心的温暖，让他每每遇到国殇之事、事业低谷，亦能抖擞精神，淡然处之。他爱自己的家人，胜过爱自己。

时间飞逝，小惠已渐渐长大成人。这个自小就古灵精怪的小姑娘，有着父亲特有的气质和韧性，做事不声不响，但却一定有模有样。

小惠从一个嗷嗷待哺的小婴儿时起，便给刘半农带来了无限惊喜与欢乐。彼时，她已出落成一个紧紧跟随父亲走南闯北，且有自己思想和能力的大姑娘。每一脚步都有父亲的关心与厚爱，每一段成长都有抹不去的深刻记忆。

小惠很独立，回国之后，在学业上让刘半农有了更多欣喜。在刘半农的影响下，加之受到外国语言的熏陶，15 岁的小惠便能帮他翻译一些作品，《朝鲜民间故事校后语》就是她译出来的。

小小年纪既能有自己的“作品”，这实在难能可贵。当然，让刘半农欣慰的并非女儿的作品，而是那种孜孜不倦的精神。

谈到女儿的问题，刘半农又在文章中写道：

……人生的过渡是这样的快，可不容我们有儿戏的机会了罢。回忆十年前，不是小惠还在说：

妈！我要睡了！你就关上了窗，不要让雨来打湿了我的床。

你就把我的小雨衣借给雨，不要让雨打湿了雨的衣裳。现在可已能做成这一部很幼稚的东西了。而我呢，岂明虽然看不起我的胡子，却也多少有了几茎；他说我英气不衰，就不免太恭维我，只是暮气不甚深罢了。所以，我一方面是因为“舐犊之爱”，很高兴的把这部小书送往世上去，一方面却深感于岂明老人之言，增加了内心的战栗。

刘半农感叹时间的无情，他还没来得及回忆，小惠就已经长大了。

女儿的成长是令人宽慰的，也是一种绵长的满足之情，而家人的离世呢？这是一种刹那永恒般的伤痛。

刘半农与兄弟刘天华兄弟情深，然时间走进 1932 年，刘天华却因患了猩红热而永远地离开了刘半农，离开了这个家。

刘天华性格温和，与世无争，喜欢乐器，尤其是二胡、琵琶等，他孜孜不倦地研究和改革，短短的一生却有很多经典的作品，如《病中吟》、《月夜》、《改进操》、《歌舞引》等。他育有三子二女，撒手人寰之后，生活的重担便都落在了妻子身上。

刘半农与兄弟情深似海，难以接受他离去的现实，可死者已矣，生者如斯。其作《天华先生纪念册序》聊以自慰，只希望与兄弟的情有可以继续的载体，亦希望所有让人觉得美好的情感不会突然消失。

文思泉涌，“打油”人生

刘半农一生的成就之中，且不说最有名的，最让人印象深刻的，即是那打油诗。他喜欢用一种轻松幽默的形式表达自己的情感，然这也是很多人说刘半农“浅”的一个缘由。不过，若说是“浅”，缘何他的打油诗却像一眼泉一样，汩汩地向外冒个不停？

刘半农曾写打油诗讽刺过那些不认真的学生。

1933年，刘半农参加了北京大学新生的阅卷工作，很多新生的素质实在不忍直视。有的人把苦恼写成“苦脑”，有的人把民不聊生，写作“民不辽生”，更有甚者，把欧洲写成“欧州”的，还有“倡明文化”这样的词语。学生们的不认真，才是导致出现如此多错别字的罪魁祸首，故此刘半农作了一首打油诗：

“民不辽生”缘国难；“欧州”大战本应当。
“倡明文化”何消说？“苦脑”真该加点糖。

这首诗是《问卷杂诗之一》，看着学生们的各种错别字及所谓自己的“道理”，刘半农又连作4首：

《问卷杂诗之二》：

先生犯了弥天罪，罚往西洋把学流，

应是九流加一等，面筋熬尽一锅油。

还有《问卷杂诗之三》：

可叹毛诗甚谬妄，毛公止水泪汪汪。
此生该把〇分打，混沌无毛四面光。

《问卷杂诗之四》：

严嵩分发汉朝去，画了昭君失了真。
止水老爹开口笑："我家少却一奸臣。"

《问卷杂诗之五》：

追要追在屁股头，迎头那哼好追求。
有朝一日两头碰，啊呦一声鲜血流！

这些打油诗，都是因刘半农看到学生们犯了很多无厘头的错误而作。当然，并非所有学生都"一无是处"，大部分学生还是值得肯定的，故其作了一首《问卷杂诗之六》，将自己认为不错的诗歌都连起来：

"上无法受，下无轨道"，呜呼哀哉，如何是好？（一解）
无法守兮我可胡为，无轨道兮车开不了。（二解）
以我"一均千发"之身，宁"落武"而从兹拉倒？（三解）

幸“萌科学思想之芽”，乘福特兮鸿飞杳杳。(四解)

喜写打油诗的刘半农，连他自己的书房都取名为“桐花芝豆堂”，因为梧桐、花生、芝麻、大豆都可以榨出油来，故取此名。此实在可打出很多“油”了。

不过，他这一仿佛笑谈的爱好，惹来了鲁迅的意见。刘半农发表了《问卷杂诗》系列之后，鲁迅随即附上一篇文章：

……

北京大学招考，他是阅卷官，从国文卷子上发现一个可笑的错字，就来作诗，那些人被挖苦的真是要钻地洞，那些刚毕业的中学生。自然，他是教授，凡所指摘都不至于不对的，不过我以为有些却还可有磋商的余地。

……

当时的白话文运动是胜利了，有些战士，还因此爬了上去，就不但不再为白话战斗，并且将它踏在脚下，拿出古字来笑人，有些青年便又以看古书为必不可省的工夫，以常用文言的作者为应该模仿的格式，不再从新的道路上去企图发展，打出新的局面来了。

现在有两个人在这里：一个是中学生，文中写“留学生”为“流学生”，错了一个字；一个是大学教授，就得意扬扬地作了一首诗，曰：“先生犯了弥天罪，罚往西洋把学流，应是九流加一等，面筋熬尽一锅油。”我们看罢，可笑是在哪一面呢？

鲁迅毫不客气，直接指出这位大学教授，即刘半农的行为是在打击年轻学生，用错别字打趣是不负责的表现，可这位教授还为自己的行为而洋洋得意。

当时，鲁迅用了一个化名——丰之余，否则，新一轮的矛盾或许又会如期出现了。

想来，刘半农定是看过“丰之余”那文字的，可此生中“嘲笑”他的那么多，又哪能逐一去驳斥呢？况且，学生们总是有很多麻烦事，若不是一颗打趣的心，工作起来必然是枯燥又苦恼的。

故此，刘半农这打油诗的爱好不会因谁的反感而停止。有一段时间，他在《语丝》上不断发表白话诗，而且每一首都有一个故事——他的白话诗也算言之有物了。

刘半农还曾作了一首关于冯玉祥的诗，因他喜欢把自己的文章刻下来。这首《冯先生回泰安》还借用了《浣溪沙》里面的两句诗歌：

> 无可奈何花落去，似曾相识燕归来。
> 泰山顽石迎风拜，不尽文章滚滚来。

或许是因爱写打油诗的缘故，刘半农也常常会主动赠诗。因与将梦麟关系甚好，赠诗一首曰：

> 眼睛双圈师陆克，蟹兜小脸瘦皮猴。
> 蓝青官话难全懂，失意香烟拼命抽。

打油诗在刘半农的笔下涓涓而出，不曾停止，这是他整理心情、点评万事的一种方式，一种渠道，就如有人写文章、有人著书立说一样。不过，这“刘氏”打油诗比起来，似乎都少了些对生活的随性和豁达。

以诗会友，文显本真

刘半农喜欢用打油诗“取笑”别人，可有时也会拿自己打趣。

他有一幅画家王悦之为自己画的画像，此画耗时一周才得以竣工，当时还有女画家金耐先在旁边参考，待刘半农看到了自画像后非常高兴，便作诗一首——《自题画像》：

名师执笔美人参，画出冬烘两鬓斑。
相眼注明劳碌命，评头未许穴窬钻。
诗风讽世终何补？磊块横胸且自宽。
蓝布大衫偏窃喜，笑看猴子沐而冠。

这首诗都是描写自己的长相，有些自嘲，又有些感叹。刘半农还赠予那位女画家四句诗以示感谢：

红树青林带暮烟，并桥常有卖鱼船。
樊川诗句营丘画，尽在先生拄杖边。

这首诗文采飞扬，并借用了陆游的诗用以赞美女画家。刘半农非常喜欢这幅画像，还说等自己死了之后，就用这幅画当遗照——他的话最后也应验了。

胡适看到了刘半农的《自题画像》诗，也作诗一首——《和半农的〈自题画像〉》：

未见名师画，何妨瞎品题？

方头真博士，小胖似儒医。

斫长同名姓，庄家“半”适宜。

不嫌麻一点，偕老做夫妻。

胡适的诗是调侃刘半农的，而正因两人关系笃深，他也与刘半农如此不忌惮地开玩笑。“小胖”一语，是说刘半农的身材有些胖。

一首《自题画像》引来了友人的“嘲讽”，刘半农自然是不会在意的。

当时，马叔平认为他的画像很好，遂想请王悦之给自己画一幅。刘半农给马叔平写了一封信：“尊像造就，奉呈一粲，此虽西洋乞儿之技，颇冀能将吾兄神韵，写出一二，若求之于形似之间，固失之远矣。书此即祝叔平四兄‘额角头上亮怅怅’，一如画中所示。”

刘半农对诗的爱尤甚，绝不亚于语音学，这从其1932年出版的一本《初期白话诗稿》上便可见一二。此书收录了26首新诗，包含鲁迅、胡适、陈独秀、沈兼士，还有早已被杀害的李大钊等人的诗。

当时政治形势紧迫，共产党人无时无刻不遭受着威胁。刘半农将这些勇敢的爱国之士的诗歌集结成书，也是一种对国民党政府的无声抵抗。

这即是刘半农，一个可以柴米油盐，亦能表爱国志气的真正的勇士。刘半农的打油诗轻松幽默，让人读来毫不费力，他不希望自己成为一个严肃古板的学者，只期待把心中的自由随性地落于纸上，让人读诵。

意外陨落，不负此生

真性为人，半农杂文

刘半农任中法大学国文系主任时，汪申伯任法语文学系的主任。他是法国留学归来的留学生，与刘半农一样有着真才实学。只是，他常常和刘半农在工作上拌嘴，争得面红耳赤，彼此的关系也不算亲近。

不过，1933 年，刘半农写了一篇文章，名为《为汪局长脱靴》，这是两人关系转变的标志：

> 他自从接任以后，就不慌不忙地计划修路，虽然经费异常竭蹶，仍是一面修，一面计划，修了一条又一条，修了一尺又一尺……申伯的修路，虽然现在还没有到功亏一篑的时候，可是他能不疲不息的把一篑一篑的石子往马路上倒，不比有些的官们只知道把一桶一桶的白米饭往肚子里倒，这就是他的可捧之处。

这篇文章写于汪申伯担任了公务局长之后，在任期间，他做了很多贡献，办了很多实事，故此刘半农才对其赞美有加。

不过，真正让刘半农的态度有了如此大转变的根本原因，是一件特殊事情：汪申伯在中法大学修建大礼堂时，以最少的资金建筑起了非常完备的礼堂设施，这让刘半农心生无限敬佩之情。

刘半农对事不对人的性格，也在此表露无遗。

在中法大学期间，还有一件事也让刘半农始终铭记于心。当时他要参观中法大学的铁工厂，因有从国外引进的车床，同时已决定用它们制作精密仪器，故而事先参观一番。

当他走到教室时，看到墙壁上竟然贴满了纸条，写着林公铎已经不教书了，学生不必上课等言辞。

刘半农十分诧异。林公铎和刘半农是老同事了，两人相处愉快。看到教室都是他写的愤怒之言，便不解这是为何。后来，经过打听才知道是校长蒋梦麟不再聘他，因他这些年来不求进取，愤世嫉俗，难以为人师表，在学校的名声也很差。

蒋校长不再聘他之后，他亦是气愤不已，还给蒋梦麟写信道：

> 梦麟校长左右：
>
> 自公来长斯校，为日久矣。学者交相责难，瘖不敢声；而校政隐加操切，以无耻之心，而行机变之巧，损甚伤之！忝从执御，诡遇未能。请以此别，祝汝万春！
>
> 林损

林损字公铎，他把自己不满的情绪统统发泄到了蒋梦麟身上，言辞间也毫不客气。此外，他觉得自己被辞退也与胡适有关，故此也给胡适写了一封信：

适之足下：损与足下，犹石勒之于李阳也，铁马金戈，尊拳毒手，其寓之于文字者微矣。顷闻足下又有所媒孽。人生世上，奄忽如尘，损宁计于区区乎？比观佛书，颇识因果，佛具九恼，损尽罹之。教授鸡肋，弃之何惜！敬避贤路，以质高明。

林损

胡适并未对这封阴阳怪气的信保持沉默，他很快给林损回了一封信：

今天读手示，有“尊拳毒手，其寓之于文字者微矣”之论，我不懂先生所指的是那一篇文字。我在这十几年之中，写了一两百万字的杂作，从来没有一个半个字“寓”及先生。胡适之向来不会在文字里寓意骂人，如有骂人的工夫，我自会公开的骂，决不用“寓”也。

来信又说：“顷闻足下又有所媒孽”，这话我也不懂。我对人对事，若有所主张，无不可对人说，何必要作“媒孽”工夫？

来函又有“避贤路”之语，敬闻命矣。

匆匆奉复，敬问。

晚安。

胡适未在信中多言关于不再续聘林损的事，而是面对他的指责予以非常礼貌的回复，澄清自己没有对他个人存有偏见。

当时，被辞退的还有许之衡（历任北京大学国文系教授兼研究所国学门导师，北京师范大学讲师），但是他还不想失去这份工作，表示愿意担任学生的讲师，而蒋梦麟已经做出决定，绝不更改。

诸如此类的琐碎，刘半农也无力参与，因他也有属于自己的琐碎事。

1934年时，刘半农的文学作品数量日盛，而且早就有人建议他将自己的作品整理成一部文集，他从十几岁就开始有作品问世，如果真要整理起来，也是一项大工程。而写完投出去便算了结的，截至此时也不记得有多少篇了，甚至有的文章连他自己都想不起来了。

刘半农不认为自己的文章写得多好，对于某些称赞，他倒觉得是一种讽刺。不过，经过了长时间的思考，他还是决定出一本文集，叫作《半农杂文》。取此名字，是因其中将搜集的实在是又多又杂，民歌、历史、语音，还有闲散之余的心情之作，在整理上，刘半农往往也会一头雾水，因有太多东西他已忘了或找不到了。

《半农杂文》是刘半农准备了很久之后的作品，此时的他身体欠佳，总是胃疼，可他仍坚持整理。

《半农杂文》的序是也是刘半农自己写的，这与其“抬杠”的性情有关。

一次，他与胡适关于陶行知的《卖艺启示》争论起来，胡适觉得写得不好，而刘半农认为有的句子写得不错，两个人恰好意见相左，但特正因此事，刘半农将自己的序修改了：

……有一句“风高谁放李逵火？”我指着向适之说：“这是句好句子。”适之说：“怎么讲法？”我说：“不可讲；但好处就在于不可讲。”适之不以我说为然，我也没有和他抬杠下去，

> 但直到现在还认这一句是好句子。而且，我敢大胆地说，天地间不可懂的好文章是有的。但是，假使并不是好文章，而硬做得叫人不可懂，那就是糟糕。譬如你有一颗明珠，紧紧握在手中，不给人看，你这个关子是卖得有意思的；若所握只是颗砂粒，甚而至于是个干矢橛，也“像煞有介事”地紧握着，闹得满头大汗，岂非笑话！我不能做不可懂的好文章，又不愿做不可懂的不好的文章，也就只能做做可懂的文章，无论是好也罢，不好也罢；要是有人因此说我是低能儿，我也只能自认为活该！

刘半农之所以“自序”，或许就如他所言，是要做做“可懂的文章”吧。

在整理之时，刘半农仿佛对自己的过去有着很多回忆，不禁感慨万千：

> 把这么许多年来所写的文字从头再看一次，恍如回到了烟云似的已往的生命中从头再走一次，这在我个人是很有趣味的；因此，有几篇文章之收入，并不是因为我自己觉得文章做得好，而是因为可以纪念着某一时的某一件事或某一种经验；或者是，因为可以纪念我对于文字上的某一种试验或努力——这种试验或努力，或者是失败了，或者是我自己没有什么成功而别人却成功了；严格说来，这种的试验品已大可扔弃，然对于我个人终还有可以纪念的价值，所以也就收入了。

对于刘半农来说，《半农杂文》是一种巨大的收获。这里面夹杂着他成长的轨迹，也是他人生路上的很多个符号。他的经历，他的思想，他的每一次触动，都写在这些作品中。

应邀写作，实地调研

1934 年 5 月，正值春暖花开的时节。

已 44 岁的刘半农，笔墨一直没有停下来，可生活却慢慢地变得悠闲起来，心绪不再如年轻人般急速波动，受到别人的肯定或否定，也不会急于辩解。也许，这就是时间给人带来的变化。

其时，有一位“巴人”寄来一封信，其中有一首诗是讽刺刘半农的，胡适收到这封信后马上给刘半农，他自己看过后不禁哈哈大笑：

半料博士半农家，半袭洋服半袈裟。
半通文出半通手，半类画虎半画蛇。
介绍不曾半遮掩，半通面红半肉麻。
半罐枪手几个大，骗得博士半罐茶。

彼时的刘半农，已过了与人辩个地动山摇、青红皂白的年华，因他更晓得“众口难调”的道理了。况且，此时的他有更多正事要做，哪有闲暇时间去辩白呢？很快，又有人来找他写文章了。

斯文·赫定，是西方第一个主张与中国合作、共同研究历史文物文化的探险家。刘半农即是被邀请为这个伟大的探险家写文章。

斯文·赫定为了自己的事业，一生没有娶妻生子，是一个名副其实的“工作狂”，他把全部时间都扑在了自己所钟爱的探险事业中。其本人对欧洲的探险有着很重要的贡献。

欧洲人认为是他“发现了楼兰古城，他绘制非常精确的地图，填补了西藏地图的一个大的空缺。”

他一生勇敢坚韧，凡事有自己的方法和见解，这帮助其在探险中遇过多次危险时都能化险为夷。当然，他也遭到中国文物保护组织的阻挠，后经多次协商，于1927年签署了《中国学术团体协会为组织西北科考察团事与瑞典国斯文·赫定博士定合作办法》。

虽然其与中国颇有原因，可实际上，他在中国探险也有很多不愉快的记忆。刘半农回忆当年的情形时，一切仿佛历历在目。不过，在中西方探险的工作中，斯文·赫定能公平、公正地对待中国工作人员，对刘半农来说，他也算是一个讲信用的探险家了。这也是他答应为其写文章的主要原因。

这一时期，刘半农所做之事更显随性、自由，没有任何组织或个人派生的约束性。比如，他精心影印了原本的《水浒传》，亏得松筠阁（始建于清朝光绪年间的老书店）的老板热心，帮忙找到了完整版。当时《水浒传》被翻刻了无数次，市面上也有很多版本。刘半农能得到这样一本完整的实在难得，他更是爱不释手。

傅斯年听说刘半农得到这样一件宝贝，激动得不得了，抓住刘半农让他把书让给自己，刘半农死都不肯。傅斯年便到书店去找老板撒气。

傅斯年的急性子让刘半农哭笑不得，他将《水浒传》影印出来后，在序中写道：

……亦许世界上还有同我和孟真一样的痴人，正在寻找这部书而找不到，所以我赶紧想法把它影印出来。因为恐怕卖价太贵，影印时不得不酌量缩小。但缩小到几乎近于一半，印出来仍旧是字大行疏，便于阅读，这就是这一个本子的第一种好处。

……

这本金圣叹版本的《水浒传》（半农影印本）印出之后大受欢迎，此可见很多人与刘半农一样，对《水浒传》有着特殊的情感。

是年6月，刘半农准备去绥远、北平一带考察方言，写一篇关于声调的论文，给斯文·赫定作为祝寿的礼物。

临走之前，在北京大学一院参加了李润章组织的宴席，席间听说《华北日报》的编辑被捕，并怀疑是他泄密。听到这件事，刘半农不禁感叹，在蒋介石手底下做事情，小命也是在风口浪尖上啊！

万事俱备，刘半农准备动身了，与家人依依惜别之后，与同行的白涤洲、周殿福、沈仲章、梅玉等人踏上旅程。

一行人的第一站是内蒙古的包头，他们调查了很多地方方言的音调及发音，也体验到了那里的风土人情。每走一处，便用录音机把民歌录制下来，便于回去之后仔细研究。

几个人在一起配合紧密，发现新的音节便会反复研究，认真推敲。考察的同时，一行人也欣赏到了沿途美丽的风景。

转龙藏位于包头东河区，那里景色非凡，山清水秀，果真是游玩参观的好去处。在那里，众人也留下了很多快乐的回忆。

几天过去，他们又来到了呼和浩特，此地风情亦是独特，听到那里的人别样的歌声，沈仲章都一一记下了歌谱。

当时，几人不仅带了本子和录音机，刘半农还特地带了一架小相机，他喜爱摄影，出远门的时候总喜欢将其带在身边，以便随时记录下值得纪念的图片。

他们还看到了纤夫辛苦地拉纤，喊着号子，那场景是在北平所看不见的，这不禁让几人颇感震惊。他们感叹这些纤夫的辛苦，那一声声的口号好似生命的哀号。刘半农赶快拿起相机记录下了这一壮观的场景，也同时记录下了这些纤夫吆喝的声调。

一路上，刘半农仿佛有使不完的劲儿，别人都觉得累了，他还是精神抖擞。或许，是这次考察有了巨大的收获，故此他心情大好。

在此之前，刘半农还担心自己体力不支，没想到一路上吃得香，睡得好，竟是如此顺利、愉快。

内蒙古的虱子很毒，刘半农早就听说，晚上睡觉的时候他格外注意，睡到了行军床上。然那里没有蚊帐！他也只好将就了一晚。果然不出所料，被虱子咬得浑身难受。而他亦是万万没有想到，这虱子之毒竟然潜伏得如此之深。

回到呼和浩特之后，刘半农等人受到了热情的接待。他在那里很受欢迎，归绥中学请他到学校里演讲，此时的刘半农开始感到身体不适。

可即使如此，他每天却还开着玩笑打着趣，白涤洲也没有觉得刘半农有任何异常。第二天，刘半农还是坚持着演讲，并且非常成功，受到了很高的评价，丝毫看不出有什么异样。

停留几天后，几人又开始辗转。张家口的赐儿山景色宜人，这里求子的人特别多，因为传说从前有一对夫妇没有子嗣，到这里来祈祷，得到了一对泥人，最后终于生了个胖小子。因此说，这里有着太多人美好的夙愿，刘半农来到这里，心情也很是愉悦，但碍于身体的不适，他常有种不祥之感。

那时的刘半农，名气已然很大，走到哪里都会受到关注。到了张家口以后，他也被邀请作演讲。这时，他已病得不轻了，可盛情难却，他又不好意思推诿，便强忍着不适坚持了一个小时左右。

其时，刘半农开始高烧不退，浑身无力，他却仍坚持研究方言，记录、校对、实验一样不差。

在刘半农的一生当中，有太多值得其为之坚持之事——家庭、学业、事业，还有他的兴趣爱好。他是一个执着之人，执着得甚至有那么一点固执。

他这种严谨、认真求学的态度令人敬佩。在生命已近尾声的时候，他全然不知地努力工作，留下了太多的成就。而其所获得的每一份荣誉，每一项成就，也都是名副其实的。

意外染病，巨匠殒亡

为了事业，刘半农牺牲了自己的健康。他对于自己身体远没有像对研究那样细心。终于，他病倒了。

高烧、呕吐、全身疼痛，在实在难以支撑的情况下，才不得不离开张家口回到北京。

回到家中，家人都很十分难过，刘半农走的时候还是生龙活虎，回来时竟病成了这副模样。家人一时间接受不了他害病的现实。

朱惠马上联系了城里十分有名望的大夫来给刘半农医治，大夫的诊断是：重感冒，故此高烧不退。

医生误诊在当时很常见，中医技术跟不上，只能靠目测和经验来判定病情，而洋人的医院又是刘半农坚决不去的，这大抵也是他最终丧命的主要原因。

吃了几服药，刘半农的病情仍未见好转。朱惠联系了方石珊，他是首善医院的院长，医术高超且权威。他一看刘半农，便知道不是感冒，而是黄疸病，需要及时送到医院就诊。当时他建议去协和医院，因那里治疗黄疸病的技术较为先进。

刘半农却不以为然，因为自己的侄儿、朋友都是被外国医院医生给医死的，他想想都觉得生气。无论家人如何劝说，他也不肯点头。

朱惠无奈，看着倔强的丈夫不听劝说，只好又联系了其他的医生到家中为其治病。可是刘半农的病情一点也没有好转，高烧仍然不退。

随着时间的推移，刘半农的病情不断加重，他知道自己的寿命已尽，便嘱咐家人随时准备立下遗嘱。尽管如此，他的精神状态良好，不像病人，可这却让家人更难受了。

朱惠知道拖下去不是办法，她联系了胡适，这是她最信任的人之一，也只有他能说得动刘半农。朱惠和他说明了情况，胡适赶到刘半农的家中了解其病情之后，费尽口舌才劝动了他去协和医院治疗。

只是，到了医院之后，医生却说刘半农的黄疸病诊治不了，因此病分好几种，刘半农所患的恰是最严重的一种。

胡适不想放弃，他积极奔走，为老友联系最好的医生。在医院里，刘半农接受了治疗。但病情恶化，最后因心脏不支，还是与这个世界挥别了。

朱惠和孩子们得知这一消息后，痛哭不止。小惠不相信这是事实，不让护士把父亲的遗体带走。胡适和蒋梦麟也赶忙到医院来，看着这位多年的老友就这样走了，热泪盈眶，悲痛万分。

刘半农去世的消息很快就传遍了北京，很多友人闻听纷纷赶到刘家，其中有人更是当场恸哭。至此，文坛少了一位巨匠，少了一个忙碌的身影，少了一个响亮的名字。

1934 年 10 月 14 日，刘半农的追悼会在北京大学的第二院大礼堂里举行，北京大学学生和教职工悉数到场。

灵堂中，刘半农的棺椁上铺着校旗，用以祭奠这个为教育事业做出如此多贡献的学者。蒋梦麟、胡适、李书华、杨仲子、马幼渔等人参加了送殡。参加葬礼的人有刘半农的生前好友、同事以及政府人员，社会各界对他的去世亦都表示了深切的哀悼之情。

一代巨擘，名留青史

有的人死了，他的灵魂却永存。刘半农的生命陨落了，却留下了珍贵的著作和一种令无数人感叹的求学精神。这些，是他留给世人最有价值的东西。

刘半农的一生，有着说不完的故事。他用敏锐的神经洞察着这个世界，用最丰富的笔触描绘着他的人生，用坚韧不拔的精神不断地实现一个又一个梦想。

他的笔下流出过很多故事，而他的人生，就需要后人在他的作品中细细体味，以还原一个个属于读者的刘半农。

在文学上，刘半农将白话诗演绎得淋漓尽致，结集出版的作品对后世影响颇深。他将生活中喜闻乐见的故事都变成了文字，让它们变得鲜活、立体、可以咏诵。

刘半农的坟墓安置在北京香山，弟弟刘天华也葬在这里，想来，他是不会孤单的，能与弟弟葬在一处，也是一种幸福了。他生前便喜欢一切美好的事物，“香山红叶红满天”，在这样一个风景怡人的地方长眠，他到底不会再以打油诗“讽刺”了吧？

蔡元培在墓志铭上书写了刘半农的生平及贡献。刘半农的一生打了很多次漂亮的大仗，他是五四运动的主力、《新青年》的战士、文学艺术界的大家、追求新文化的积极分子，更是敢于同封建势力、恶势力斗争的爱国者，也同样是为了教育事业奋斗不息的求学者。

而在其一生之成就中，最耀眼的自然莫过于在语音学方面。

1925 年时，他创制了“刘氏声调推断尺”，用于语音和乐律的测试，此后他不断探索，随时根据实验需要调整仪器的结构。

1930 年，他经过细致的研究和实验，又将其改进为“最简音调推断尺”，使用功能较之前更加完备，技术更加纯熟，这可谓是其费尽心思才研究出的精密仪器。而纯粹用实验的方术，则要借助“浪线计”，顾名思义，也就是要将研究的东西画在烟熏纸上，根据纸上的浪线来判断音的高低。

“刘氏音鼓甲钟”，也是刘半农为了试验而研究的，经过一段时间的实验，最后改进为“刘氏音鼓乙钟”。刘半农创制的“声调推算尺”和“刘氏音鼓”两件实验仪器，都给他的实验带来了极大的帮助。而“声调推断尺”，后来被刘半农改名为“声调推算尺”。

在刘半农的《声调之推断及“声调推断尺”之制造与用法》一书中，详细地介绍了如何研究音高的起落、声调曲线的意义及纯粹用实验的方术。这些在他《四声实验录》当中都有介绍，当然，主要是突出“声调推算尺”。

不仅如此，刘半农还制作了新型的日晷仪，这是依托于汉朝的技术制造的。如此看来，刘半农也是一个相当有水平的“发明家”。

研究声调曲线的实验十分复杂，需要细心加耐心，因为一不小心就会导致实验失败。在实验时，刘半农将采集的音蓄放在蜡片上，然后将其放在留声机上观察，用细小的尖针将其提起来听，以此判断音高。接着把音节分为几个部分和阶段断定，最后连起来便是一条曲线。

总之，推算尺的使用，使很多实验研究能更加顺利地完成。

后来，刘半农利用自己研究的仪器测试了很多城市的古物，他走遍了北京、上海、南京、开封、洛阳等地，认真研究了那里的编钟和编磬的音律。

长时间的研究，让刘半农获得了很多经验，他将这些珍贵的经验知识汇总起来，发表论文《琵琶及他种弦乐器之“等律”定品法》、《从五音六律说到三百六十律》、《音律尺算法》、《十二等律的发明者朱载堉》、《吕氏春秋·古乐篇·昔黄节解》、《天坛所藏编钟编磬音律之鉴定》。其作品得到国内同行的高度认可，而其在音乐考古界的地位也是极高的。

1932年，其改“声调推断尺”为“乙二声调推断尺”，并交由中法大学钢铁厂制作。可以说，刘半农在中国语音史上是不可或缺的先锋人物。

鲁迅在《忆半农君》中说：

> ……现在他死去了，我对于他的感情，和他生时也并无变化。我爱十年前的半农，而憎恶他的近几年。这憎恶是朋友的憎恶，因为我希望他常是十年前的半农，他的为战士，即使“浅”罢，却于中国更为有益。我愿以愤火照出他的战绩，免使一群陷沙鬼将他先前的光荣和死尸一同掩入烂泥的深渊。

此时，再也不见一个瘦弱的男人，风趣地写着打油诗；再也不见一个忙碌的背影，匆匆忙忙地穿梭于实验器材之间；再也不见一个体贴的丈夫，在妻子的耳边喃喃细语；再也不见一个慈祥的父亲，轻轻地抚摸着子女的头发……

> 一代巨擘，铮铮铁骨，忘我付出，一生奉献；
>
> 名留青史，扼腕叹息，栋梁之材，风云不再！